U0148918

黃篆《草堂詩鈔》

鄭定國主編

黃　篆原著

臺灣近百年研究叢刊

文史哲出版社印行

國家圖書館出版品預行編目資料

黃篆《草堂詩鈔》/ 鄭定國主編, 黃篆原著.
--初版. -- 臺北市: 文史哲, 民 95
面；　公分(臺灣近百年研究叢刊;15)
ISBN 978-957-549-695-1 (平裝)

851.486　　　　　　　　95026052

臺灣近百年研究叢刊　15

黃篆《草堂詩鈔》

主　　編：鄭　　　定　　　國
原著者：黃　　　　　　　篆
校對者：黃　　博　　　儒
出版者：文　史　哲　出　版　社
http://www.lapen.com.tw
登記證字號：行政院新聞局版臺業字五三三七號
發行人：彭　　　正　　　雄
發行所：文　史　哲　出　版　社
印刷者：文　史　哲　出　版　社
臺北市羅斯福路一段七十二巷四號
郵政劃撥帳號：一六一八○一七五
電話886-2-23511028・傳真886-2-23965656
實價新臺幣四八○元
中華民國九十六年(2007)一月初版

無邊天地一吟身

── 談黃篆草堂詩鈔（代序）

鄭　定　國

　　草堂是杜甫浣花溪畔的茅宅，一間大風吹得去，卻永存千古文人心版上的雅舍。黃篆先生仰慕杜甫之道德詩歌，故名其詩集爲《草堂詩鈔》。黃氏學習漢詩的歷程，受益於塾師李冠三先生及求得軒書齋李西端先生的指導。又觀察其師友交遊網絡，曉知其作品顯然有彰雲嘉區域文學的圖象，故其鄉土面貌甚爲濃郁。

　　日治時期黃氏寄彰化懶雲賴和一首詩，他說：「…曾經憂患心偏壯，爲寫興亡筆不群。始信交情清似水，豈真賦性懶於雲。」固然是描述賴和的文采性情，又何嘗不是自我的期許。日治時期黃篆設帳四方，青燈孤館的生涯，著實落拓，也爲某些趨權媚勢的俗儒感到不恥。國府遷台時期，黃氏服務水林鄉梓，兩袖清風。退休以後則費心增編《草堂詩鈔》，人似天地無機沙鷗，吟興更高，吟心更寬，讓作品殊顯豐碩可誦。今逢詩鈔編成，附上原稿，盼就教達雅方家，增益文林之幸。編輯期間頻獲黃篆先生哲嗣博儒先生的協助，終抵於成，他爲文化遺產盡心盡力的提供，至爲感念。

　　　　　　斗六　鄭定國謹記　2006.06.16

懷念父親一生行誼

黃 爾 璇

　　最近獲悉，鄭定國教授致力於指導研究生蒐集雲林地區的文學史料，建立雲林文學史的資料庫，並有意於將來編纂「雲林文學史」。對於一個幼少時曾經浸潤於私塾家庭環境，後來卻從事政治學術和實踐工作的我來說，很高興看到過去在日本殖民統治時代一股維繫漢文化命脈的台灣庶民文學活動，開始受到學術界重視，而父親的遺稿也被列入其出版計畫，更加勾起了我對先父及其詩友的回憶。

　　我對父親行誼較清楚的記憶係始於進入小學以後，其前的一切，都是從先輩聽聞並對照一些記載而得知其梗概。父親出生時日本已據台六年，其後的生涯大致可分為：九歲失怙前、私塾教育期、成年謀生期、終戰後在北港服務公職教職期、返鄉從政期和退休期。較大的劃分：四十六歲以前處於日本殖民統治之下，其後則在中華民國國民黨政府統治之下。

　　父親幼少時的蔦松故居係曾祖父所建，其後兩代人聚居於三合院，有共同大廳奉祀祖先神祇牌位。父親於同世代的堂兄弟中排行第六，七個堂兄弟中，有三個早就移居外地。父親幼隨祖父母旅居鹽水港，九歲喪父後，舉家遷回故鄉蔦松。祖父母因婚後遲未生子，故在父親出生前即收養一男二女為養子女，幼少時有兄姐為伴，至二十多歲

始與伯父分戶，但因家境困頓，幼少時乃常有孤兒寡母相依為命的心情，甚至中年後仍對當時孤苦的日子感喟不已。

當時的鄉村，若非大地主仕紳階級都不可能送子弟到城市就學，只好在當地私塾就讀。祖父很重視獨子的教養，故父親七至九歲之間受過漢文識字教育。九歲喪父舉家遷回故鄉蔦松後，因蔦松公學校成立太晚，只好接受正式的私塾教育，師事李冠三先生學習漢文漢詩，兼及四書五經等書，因聰穎好學，備受關愛教導，讓父親至晚年猶懷念師恩不忘。

如果配合時代環境觀察，父親成年後，台灣已進入日本治台中期；亦即於 1919 年頒佈台灣教育令，禁止設書院，但取締居家式私塾似不嚴厲，台民仍續以詩社、吟社的組織形式維繫漢文化，並於 1931 年創刊詩報，父親與其詩友亦於 1933 年元旦在雲林創立鄉勵吟社；再者，此一時期雖然日本國力漸漸強盛，致力於台灣現代化開拓，有一段時期曾經隨內地大正民主期氣氛的影響，有限度容許台民各種政治運動，諸如台灣議會設置運動、成立台灣文化協會和台灣民眾黨等政治社會運動，不過最後因日本總督疑懼台民提高自主獨立意識後會由自治等運動進而要求自決，故到 1931 年後則先後被解散。嗣至三〇年代中期，台灣隨著日本帝國主義的囂張，逐漸進入戰時體制，由升高侵華戰爭到爆發太平洋戰爭，以至潰敗投降，此一時期，稱為治台後期。在此時期，政府一面宣佈台灣進入戰時體制，實施米穀統制，報紙不准保持漢文欄，並更嚴格鎮壓政治性結社和運動；一面則推行皇民化運動以鞏固其南進的基礎，並先以志願方式徵召台籍兵員，未久即改為全面實施強制徵兵制；1944 年起全台開始遭受美軍空襲和大轟

炸，人民生活於躲避空襲警報之中，迄至日本戰敗投降結束殖民地統治為止。以上環境，影響父親中年的生活境況。

父親成家後，家境相當清苦，因一向不躬親家務，故端賴母親一手操持，從侍奉婆婆、照料兒女生活，到種菜飼養家禽家畜以補家計，終年勞苦。日本治台時期，父親的工作曾經先後在水林庄（終戰後改鄉）的尖山、蕃薯厝、蔦松為塾師設帳教授漢文，並擔任過保甲書記、部落書記（相當現在村里幹事），也曾經到嘉義學做木材生意。在蔦松家裡設帳時，每次學生不到十人；1943 年第二次在蕃薯厝設帳時學生則較多，我曾經被帶去靜靜地坐在廟宇邊間看著學生朗讀漢文，父親有時會騎腳踏車來往，當時雖然聽說警察告知不可設私塾，但似未嚴格執行取締。要之，三〇年代後的這段時期，台灣端賴散居各地的詩社和私塾，自動肩起維繫漢文化和漢民族意識的命脈，父親也參與其中，以詩會友，寄情於古典漢文詩詞，並設帳授徒以延續固有文化，雖家境困塞須為生活奔波，但仍不改其志。

父親來往較頻繁的詩友之中，在終戰末期前後我在蔦松家鄉見過的有邱水謨、洪天賜、曾仁杰諸先生；張啓（清輝）因係父親的學生而且也是擔任鄉長時的部屬，所以我都以兄稱之，一直到我返鄉任教時還常有見面的機會；他們相聚時都是談些詩社詩友的事，有時吟詠唱和一番；迨至我唸師範學校時始知他們同是鄉勵吟社的社友。

日本治台最後一年的五月，突接關西監獄有關大哥爾民去世的通知，噩耗傳來，無異晴天霹靂，舉家陷入悲戚哀痛之中。母親壓抑著悲痛，先將老邁的祖母送到大伯家暫時安頓，自己一悲痛難抑則躲到庭院菜圃的角落哭泣起

來，父親因哀傷過度病倒在床，當響起空襲警報時，母親須先匆忙地一面將我們小孩催促到屋後防空壕裏，一面和大姊協力攙扶著父親躲進床底下特別挖築的防空洞裏，這種生活持續了近三個月之久。當時雖然曾經考慮前往關西移靈，但並不是一件容易的事，在這期間火車有遭遇美機轟炸掃射的危險，都是走走停停，乃只好由舅舅辛苦地騎著腳踏車邊走邊躲千里迢迢好不容易到關西探視，但是所回報的卻只是看到荒塚壘壘無處尋遺骨。

大哥爾民小學畢業後（戶籍名字為漢民，寓意「爾為漢族之民」，因戶籍上的長男出生報戶口未久即去世，故弟妹皆視二男漢民為長兄），因家境清苦無法供其升學，只好先在當地診療所學習藥劑師工作，同時蒐集一些中學教科書自修，夜間常聽到他朗讀日文的聲音；稍長後，轉到柏埔村擔任部落書記，嗣於 1943 考取高雄港海軍工務員，服務於驚險萬分的燈塔管制，本以為此工作可免應徵到南洋從軍的義務，料想不到，卻於 1944 年十月，遭嘉義地方法院調訊後拘押。父親曾提到大哥是因替另一個村的仕紳寫了一份檢舉特高警察在巡視地方時行為不端的檢舉函，雖然如願以償，但卻因此惹了禍，以其他藉口羅織罪名。1945年初，嘉義監獄通知將他移監關西，最後一次面會時，他還安慰父親在少年監獄可以唸書，其實當時父親已知那是一所兼收少年犯與政治犯的特殊疏散監獄，因空襲和路遙的關係以後恐難以探監照料，不料卻從此天人永隔！父親常感嘆蒼天待他何其薄，八年之間帶走了頭兩個年長的兒子，既讓一個小學四年級的活潑小孩消逝（見哭聰兒），何堪又奪走了一個已邁入青年期的大兒子（見亡兒爾民獄中

拷死紀念感賦）。

　　1945 年 8 月 15 日，日本宣佈無條件投降，被征召赴南洋的台籍日本兵紛紛返台，有的拖著瘦削的身軀歸來，有的家庭僅接到一紙陣亡的訃音，哭成一團，二伯一個唸嘉義工業學校的兒子，也因自飛機整修工廠被強派充當神風特攻隊而犧牲。父親受到這種情景的衝擊，體悟人生的生離死別，沖淡了不少亡兒的痛苦，身體也逐漸康復起來。

　　殖民地的台灣並沒有真正的戰後復員。終戰初期，社會經濟失序，日人開始收拾行囊陸續分波返國，公教人員空缺待補，學習漢文風氣暫時取代日文興盛起來，國民學校成為臨時的教學場所，父親教授一班較大年紀的學生讀四書，我則去跟李盾先生習漢文讀本。同年 10 月 5 日，中華民國國民政府逕自宣佈在台設置台灣省行政長官公署；25 日，遠東盟軍總司令部授權中華民國國民政府派陳儀為代表在台北舉行接受台灣總督投降儀式；11 月初國民政府開始接收公共機關及公產日產；12 月 25 日，全台改制為八個縣，郡改區，街改鎮，庄改為鄉。面臨戰後的政治社會巨變，經濟凋疲，雲林沿海一帶尤甚，大家都困於生計，聯吟活動也暫停一段期間。

　　1946 年初，為了我們兄弟二人完成較好小學和初中教育的方便，父親選擇應聘到北港區署服務，我隨父先到北港赴任，分配一日式區署宿舍，安置安適後全家正式遷居北港，我先轉學北港北辰國校五年級，隨後儒弟也進入一年級，接受中國式的教育。同年入夏，父親轉而應聘為北港初級農業職業學校教員，教授國文和本國史地，並遷居北農教師宿舍。

我家鄰近神社和北港公園，每天晨起父親都帶著我們兄弟到公園運動。記得初二之後，父親常叫我幫他在道林紙上繪製較大的中國省區和長江、黃河流域地圖，以及中國歷代遞嬗表，充當掛圖教具之用。有時夜間有空，父親會帶我到洪大川經營的漢藥店，並常與林國賜見面，聽他們談些詩詞詩友的事。洪先生懸壺濟世，父親也常和他討論漢醫藥方，到最近我才知道他為傳授漢學奔波設帳授徒、籌設詩社和最後加入汾津吟社的經過；林先生則營商有成，原來他與父親同是鄉勵吟社的社員。

終戰後不久，台灣發生民眾起來反國民黨政府統治的事變。本來在台灣內部，因祖先淵源和經日本殖民統治的關係，最初對國府人員於戰後來台接管大都抱著「壺漿簞食表歡迎」的心情，然而因接收人員素質不良，貪贓霸道，加以戰後生產凋敝，物價飛漲，且須支援中國大陸內戰物資急需，終乃引起民怨反感，遂於 1947 年爆發二二八事件。記得事件發生時，父親常守在收音機旁沈重地聽著廣播，最初幾天聽到的是政府的政策宣示，以後漸漸出現台灣義勇軍斷斷續續的呼叫支援聲，而於佔領嘉義機場和廣播電台後聲音更趨激昂。我家前面是鎮長公館，新制的鎮長尚未入住，反抗軍乃以此為據點，進駐後掛上「台灣自治聯軍司令部」牌號，聚集約兩三排的人，穿上日本陸軍或戰時民兵的制服，以民用卡車上面架著一挺機槍為運輸工具，進出時唱著軍歌，士氣甚為昂揚。迨至三月中旬，收音機廣播由淒厲轉趨沈寂，父親趕忙叫我順糖廠鐵路步行返蔦松故鄉，他也到鄉下友人處迴避。經約一星期俟情勢較穩定後，我們回到北港，我家前面的反抗軍早已撤走

不見人影，當傳聞北港溪邊槍殺人，我想與一些朋友前往觀看，卻被父親制止，並且訓誡以後不可談此事。不僅我家，全部台民以後長期都把這件事當作禁忌，對政治社會意識影響很大。

事件後台民政治態度開始轉變。半山新貴扮演權力的配合者甚至加害者，部份地主仕紳階層不得不遷就現實順應統治集團，其他一般庶民階層知識份子如傳統詩社的社員，有時雖也會應景參加官辦文化儀式性質的聯吟集會，但真正的政治觀感則幾乎不敢形諸於色。

不僅如此，台灣發生這次政治社會巨變後，大家面對的新政府更以白色恐怖高壓手段統治台灣，並全面掌控學校和媒體為政治社會化工具，塑造「中華民族」的觀念，以此建構「想像的政治共同體」意識；因此，從前的台語私塾被北京話的學校教育所取代，學生在學校被禁止說台語，所謂漢民族意識或台灣人意識，被中華民族意識和中國人意識所取代，在台灣內部漸漸隱遁，從此官方不重視私塾和詩社傳承漢文化的時代使命，台籍詩人聯吟擊缽大會除了自辦的小型聯誼集會外，有時也祇充當政府主辦的歌功頌德吟詩大會，吟哦諸如「介壽」、「雙十節」的詩題而已。

1949 年夏國民政府敗退來台後，為了安置流亡來台的公教人員，對中學教師學歷資格開始嚴格起來。父親因感受面臨工作須作調整的壓力，為了顧慮未來家庭經濟難以為繼的問題，希望我投考公費的師範學校。1951 年父親果然不得不改任書記，不久即轉任北港初中並遷居該校教職員宿舍。當年年底適值鄉鎮長改由公民直接選舉，地方人士敦請父親回鄉參加競選鄉長，但因病退選，而將支持地

盤轉給一位年輕的候選人。1952 年 1 月，父親回鄉就任水林鄉公所總幹事（相當現制主任秘書），全家遷居水林。

對於父親的所學，俟我唸師範學校二年級起才開始有所領悟。因為利用圖書館讀了一些啓迪思想的書以後，在寒暑假返回故鄉老家翻閱舊書，更會疑惑地問東問西。父親告訴我，他在私塾進學階段，須研讀四書五經以至綱鑑易知錄、昭明文選等書；十八九歲後即知自學，向業師借書或自購，以後到外地為生活奔波，更擴大視野，讀了詩文之外的書籍。以我記憶所及和父親零星的手記，看過的書不但有辭源、詩韻、古今詩自修、古文評註、四書白話註、瓊林白話註、昭明文選、詩報、南雅、綱鑑易知錄、燕山外史、烈女傳、孫中山講演集、胡適文存、中國哲學史大綱、胡適的嘗試集、台灣通史等等，有的還有用朱筆點閱的墨跡；父親口頭提到的還有飲冰室文集和獨秀文存，後者是因為我在台中的舊書攤看到破舊零散的魯迅文集而好奇提起的，父親才跟我說，我家本來還有一本獨秀文存，是三〇年代他旅居廈門時帶回的，但是於終戰時與哥哥爾民的一些用書一起燒掉了，並且還特別提醒我看這些左派的書籍是會惹禍的。時至今日，我手上保存遺留的書還有：線裝的章太炎國故論衡、楚辭集註、楚辭後語和胡毓寰編的鉛版中國文學源流（民國十五年版）。

1953 年底，父親當選第二屆水林鄉鄉長，遷居鄉長宿舍。這次競選，蔦松村民自動到各村向其親朋好友拉票，鄉內父親的學生也動員起來，不用花錢，竟然也能當選。父親在任內積極修繕和興築國校教室、修橋鋪路，用人唯才，公正處理爭論，接近窮困大眾，清廉從事公務，深受

民眾愛戴。在任內，地方人士以「善教善政」、漢文詩社友人則引用孔子學生子游爲武城宰的故事－「武城風韻」匾額表彰勗勉。嗣 1956 年底第三屆鄉長選舉，我已畢業擔任國校教員，得有機會陪父親與競選對手協商，父親對於對方要求以擔任總幹事爲退讓的條件堅不答應，回程時告訴我，總幹事需任用適當的人，我們只好競選到底，讓鄉民有評價三年任期政績的機會。到最後登記截止前，因對方無條件放棄，終於在無競選狀態下連任。張作珍先生「北港地區傳統詩社研究」碩士論文的田野調查記述：「鄉勵吟社社員黃篆·選水林鄉鄉長，高票當選，任內宵旰從公、以民爲重，鄉民莫不稱頌，至筆者訪問該鄉、時隔近五十年，耆老仍津津樂道。」

　　然而父親仍視參與地方政治爲人生的偶然際遇，若無過去在私塾和北農循循善誘教育學生自然厚植鄉內支持的力量，若無缺乏大學文憑的壓力，恐怕就無返鄉從政的驅動力和機會。當時水林鄉有許派與洪派之爭，都是國民黨內部的事，父親曾提到辦公務時對人與事，宜無所敵對，那個合理就支持那一項意見和與那個人在一起，雖然洪派較配合，但是依然看鄉民的共同利益爲執行的準則。他尊重的縣內人物，諸如支持國民黨的林金生選縣長，也支持青年黨的李萬居選省議員；在言談中，對台灣的重要人物則較重視林獻堂、蔣渭水和黃朝琴。不過，經幾年對地方政治的經驗，父親對有些政治人物的作爲和民主風氣很失望，表示不希望自己的兒子以後參加競選公職。儘管他當鄉長還兼國民黨的鄉民眾服務站常務委員，但當我稟告他，我服兵役和進入師大時如何婉拒指導員和系主任邀請

入黨的事,他只說要審慎婉轉應對。俟師大畢業前的那一年,鄉民眾服務站的職員竟然認為我畢業之後最好準備返鄉服務承接我父親的政治資源,乃逕自熱心替我填表入黨,引起我的困擾,父親卻淡淡地說,他們沒有壞意,既然辦好了就算了,將來由你決定如何處理就是。

1958年我保送升學台灣師範大學,儒弟則從台南師範畢業,返鄉服務。我因中師畢業後第一、二年即自修順利通過教育行政普考和高考,所以有些親友認為既相當大學畢業資格實不必再升學,但父親認為他們那個世代學校教育不發達,家境不允許到城裡學校進學,其後在日漸重視學校文憑之下,難免受限,既然有公費讀大學的機會,就不要錯過。從此之後,我於在學時,為了節省交通費和忙於準備另一類普高考的關係,只於寒暑假回鄉。幸好其後儒弟在故鄉國校教書,得以承歡膝下,婚後一對兒女先後誕生,讓父母親享受含飴弄孫之樂。

1960年1月,父親任滿卸任,遷回蔦松故居,再應村民之邀在當地修繕後的景陽宮設帳教授漢文。這座廟宇係村民以父親給廟宇正門提上的對聯—「景色翻新樣,廟貌巍峨垂萬載;陽光明普照,神靈顯赫繼千秋」起首兩字為廟名。父親退休後,以增補整理其「草堂詩鈔」舊稿自娛,最初幾年尚能精神奕奕的參加 1963 年鄉勵吟社三十週年慶和1968年雲林縣詩人聯吟會擊缽大會,1966年底和1967年初到新竹和台北主持我的訂婚和結婚儀式。迨 1968 年儒弟夫婦轉任四湖國中任教,父母親隨同遷居四湖教師宿舍,才結束了蔦松景陽宮的設帳授徒。

我自從到台中求學以後,除了畢業回鄉擔任國校教師

的四年得與父母親朝夕相處外，都是過著離鄉背井的生活。1962 年師大畢業後即在台北中央信託局公務人員保險處服務，並升學研究所半工半讀，成家後甚至出國留學，依然過著忙碌的生活，只能於假期與父母短暫相聚而已，所以侍奉父母之事只好偏勞儒弟夫婦，而居住四湖的大姊夫婦也時常就近協助照顧。

　　1969 年初父母親想看出生不久的第三個孫女，我內人回娘家將滿月後由外婆照顧的女兒帶回台北，儘管我們夫婦因皆須上班僱有幫傭照料，但母親仍希望暫時留下來，父親則偶而來北小住探視。1969 年我完成政大公共行政研究所碩士論文並繼續進入政治研究所博士班，翌年 9 月考上公費辭去工作赴東京大學留學。1971 年春假回國省親，父親因身體不適請母親回四湖照顧，同年六月底我在東京聞母親生病沈重的消息，乃倉促返國；母親本來要回鄉照顧父親卻自己一病不起，於八月中逝世；父親於最後兩年身體日衰，也於 1973 年 10 月溘然長逝。我自 1973 年結束留學後於翌年才開始兼任大學教職，嗣於 1975 年通過學位論文完成一系列學校教育，並開始大學教書生涯，然而父母親卻已先後過世，午夜思維，深感子欲養而親不待之痛。

　　父親乘鶴歸去後不久，台灣即風起雲湧掀起民主運動。亦即於六年後發生美麗島事件，台灣菁英遭受二二八事件後的另一次大逮捕；於十三年後出現民主進步黨，它是日據時代台灣民眾黨曇花一現以後突破黨禁的台灣本土化政黨。這期間，我遭受政治迫害失去大學教職，以至投入主導民進黨的祕密建黨工作，在危疑震撼中常會驀然浮現早年的情景。有一位堂兄看到報紙刊登我被迫離開教職

的消息，立即來電詢問是否會被抓進監牢，忿忿不平的說「日本政府關死了爾民，讓你父親哀痛很久，難道國民黨政府也要對你動手？」，這句話深深打入我的心坎，黯然想起父親讓我長繫心懷的叮嚀；不過，作為一個台籍政治學者，我仍須義不容辭毅然參與祕密建黨和推動黨務的工作，甚且也曾經為了防止一個突然怪異闖紅的政治人物奪取黨權，不惜一切投入一次區域選舉。在此過程中，專業見解之外，幼少時期的體驗也常會縈繞在腦際，時時提醒自己和同志，要掌握時機奮力一搏，也要縝密規劃，避免重複前人的錯誤和損害；迨至九○年代起，我也參加不分區選舉，擔任三屆立委，依然時刻不忘遺訓，以廉正和專業問政，期對台灣政治社會民主化略盡棉薄。

綜觀父親的一生，歷經兩個非本土政權統治的時代—— 前一段殖民地統治，後一段實施長期戒嚴之治，始終沒有享受過多元開放社會的日子。在私領域方面，幼少時的孤苦伶仃和成年後的一段清苦潦倒的生活，並沒有挫退父親對漢文化的熱愛和對漢民族意識的執著；於公共領域，則審時度勢，戒慎以免誤觸禁忌，但堅持原則善盡本分，春風化雨教導學生，固守清廉勤政愛民服務公教的職責。而今，雖然往昔吟社和私塾形態已先後萎縮消失，但幸見台灣政治禁忌已被衝破，民主開放社會終於來臨，台灣意識也逐漸復甦，尤其台灣文學研究所也於九○年代後半開始在幾間大學陸續出現，後世台灣學子已漸知咀嚼日治時代傳統詩社和私塾存續的意義，有此景象，庶幾可安慰父親在天之靈。

黃爾璇 沐心憶書　2006.05.20

黃篆《草堂詩鈔》

目　　次

二、《草堂詩鈔》七律類

三、《草堂詩鈔》五絕類

四、《草堂詩鈔》五律類

五、《草堂詩鈔》古詩歌行類

六、《草堂詩鈔》對聯詩鐘類

七、文章類

八、書信類

九、祭文類

十、其他相關資料

王東燁（槐庭）

李冠三

李清水

林　榮（友笛）

邱　謨（水謨）

1954 年當選第二屆民選鄉長，學生贈匾祝賀

黃篆先生玉照。

1968 年黃篆夫人陳卻世
女士於台北市留影。

1954年黃篆先生於碧雲寺留影。

1954年與地方人士旅遊。

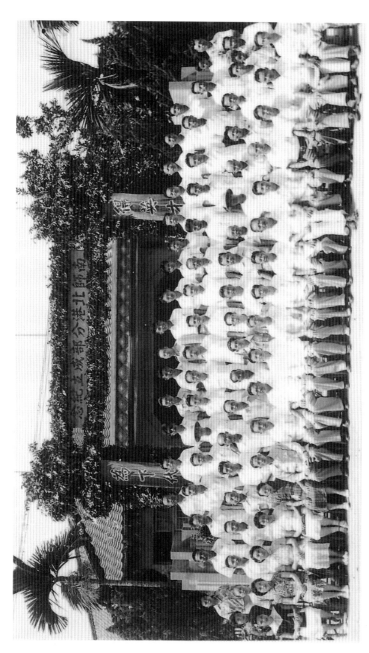

1955 年台南師範北港分部成立典禮留影。前排右三為黃象先生。

1957 年黃篆先生任第三屆水林鄉長就職典禮留影。

1958年次女黃金袖結婚，在元長鄉喜宴席前留影。前排左五烏黃豪先生。

1960.1.5 黃篆先生第三屆水林鄉長任期屆滿，由余仁配先生接任。

1960 年在陳龍吟先生（朴子鎮）婚宴致祝賀詞。

1960 年參加陳龍吟先生婚禮。前排右二為黃蒙先生，左四為夫人陳卻世女士。

1961 年 2 月五男黃博儒結婚留影，右五右六為黃篆夫婦。

1961 年 2 月五男黃博儒婚禮，主婚人黃簑先生致謝詞。

1961 年與水林鄉民代
表會主席郭朝東先生
在蔦松景陽宮元帥府
合影。

1963.12.15 鄉勵吟社三十週年合影。右四為黃篆，左二為邱水謨，左三為趙凌霜，左四為李西端。

1966 年黃篆先生與
夫人陳卻世在蔦松故
居合影。

1966年黃篆先生於蔦松故
居前留影。

1966年黃篆先生於蔦松故居前留影。

1966年12月肆男黃爾璇訂婚留影，右二爲黃篆先生。

1969年黃篆先生參加四湖鄉品茗會（左二）。

1970年黃篆先生參加四湖鄉品茗會，右一爲林友笛先生。

1969 年攝於台北市。
夫人陳卻世含飴弄孫。

1969 年攝於台北市圓山。
夫人陳卻世與四男黃爾璇
夫婦暨孫女合影。

1969 年拍攝。黃篆先生晚年安居在五男黃博儒任教之四湖國中宿舍。

約 1970 年左右黃篆先生與孫男、孫女於四湖留影。
右起爲芳玢、芳婉、浩川、適伍。

1971 年四男黃爾璇、五男黃博儒
在四湖國中宿舍合影。

任職北港農校時期，居住之日式宿
舍，（現已拆除）1984 年攝影。

約1989年四男黃爾璇參選立法委員在水林鄉後援會與鄉親合影。

擔任立法委員時期的黃爾璇。（1993-2001年三屆，九年）

1995 年 10 月黃爾璇恭獻神威遠播匾額，感謝景陽宮諸神保境安民。

1997年四男黃爾璇全家福。

2002年肆男黃爾璇在立法委員任期中與李江海國策顧問暨女婿
郭恭喜等恭獻匾額感謝景陽宮諸神福佑四方

1980 年四男黃爾璇（右）、五男黃博儒（左）於蔦松故居前合影。

1980 年黃氏孫男、孫女於蔦松故居前合影。
右起芳儀、適伍、芳玢。

約 2002 年長孫黃適伍在蔦松故鄉留影。

2004 年詩人第二代合影，後排右起黃爾璇、郭恭喜、林格、
黃博儒，前排廖愛玲、黃金柚、黃半斤、黃籃、鄭靜淑。

2004 年黃氏曾外孫女于歸，喜宴後合影。

2006 年五男黃博儒全家福。

草堂詩鈔

雄心未死更燃灰　十載功名塔夢催
今日掛冠從此去　何時捲土復重來
擁中老馬空知道　翼下焦桐有大才
漫把鷄蟲論得失　蛟龍變化待雲雷

又次韻

市廛漸隱志非灰　風雨樓頭詩思催
點綴寒英三徑在　婆娑府月一窗來
文章花樣雕龍技　錦繡詞篇吐鳳才
怪底黃鐘多毀棄　不堪瓦缶似蛙鳴

次友笛兄留別瑤韻

詩人黃篆漢詩手稿

萬里相思縈短箋
十年蹤跡留鴻爪
對酒記曾留節後
汾津別後久無詩
寄懷人傑人岸兩昆仲
東西南北經和緯
環球恆星運不差
赤道平分南與北
五行完備賽堪誇

地球 七絕 二名

春夏秋冬運不差
東西若平任敧斜

包藏萬物盡無涯
一歲公然一轉斜
風雨關山雁札逷
懷人猶是月明時
一代聲名高豹皮
此生寥落有誰知

詩人黃篆漢詩手稿

莫恃微才意氣高
為人須重當三鑑
桂籛豚逸看你華
展諸匪翅雲鵬路
與大川君等遠有感筆此以寄

草示家住茂林 正職中作

處世宜攻古六韜
霜寒白屋嘆吾貧
尺寸光陰勉日操

打頹風骨太無情
槐之輕平同載話
風塵馳逐身仍健
君住村南我村北

萍水他鄉駐此程
毋之征馬共催行
天地逆離世不清
海天一角結鷗盟

詩人黃篆漢詩手稿

哭聰兒　二首

變滅須臾劇可哀　累兒惡業禍為媒
衣裳戀戀架都看盡　書籍藏箱未忍開
思到九原呼不起　望穿雙眼哭難回
那堪悵惘裏明煏　養育多年志亦灰

疾惠河魚藥未吞　身如駒狗後爰存
凄風冷雨尋無跡　孤館青灯暮有痕
及斷肝腸翁憒憒　頻揮眼淚泣天容
分梨曾記能謙讓　一慟傷餘父子恩

詩人黃篆漢詩手稿

敬次瘦峯君旅次感作芳韻　李冠三

海隅僻處寄吟身　寂寞他鄉值暮春
楚璞三投無賞識　蘇裝一做已成貧
翻雲覆雨難多事　入地升天自有因
社會於今陰翳滿　重重黑幕認難真

其二
風雨凄凄白日昏　客中心事有誰捫
耳邊不聽鄉音語　枕上頻驚蝶夢魂
極目紛紜猶隔地　勞形詩酒且傾樽
茫茫濁世強權甚　公理何人可共存

其三
回首鄉山思悄然　南來汾水恨重牽
凌霄顧作雲間鶴　易地難求意外錢
作客未除豪士氣　辭家曾記鹽陽天
三更夢醒無聊甚　耳底何堪聽杜鵑

其四
案頭无无坐窮年　志願難酬精衛填
枘鑿心懷惟自覺　飄零身世有誰憐
深山有木難棲鳥　大地無更食羶
回首雲霄迷眼界　死灰何日可重燃

詩人黃篆漢詩手稿
此頁內容為鄉勵吟社李冠三先生作品

甲辰季春　鯤南七縣市詩人聯吟大會詩箋

墓誌文

事不在奇有為則能、人不在智有道則名、得失無定、

成敗死生、氣得鍾靈、此身入佳城、吾生於亂世、采絃溪

滿清乾坤板蕩、甲午戰爭、兩關利議、割章台湖、采絃溪

民不卿生憶幼年失怙、寡母養成、既無奴妹、復與弟兄憂

丁孤苦、孑立煢煢、晨夕奉養、辛苦謀生、難圖寸志、興路請

纓、至於光復後、任教心誠、北港農校、擔任課程、計有六載、

功績無成、願辭其職、知難易行、歷任鄉長、望霜人更多

年執政、孚合民情、花甲隱退、蓋意躬耕、舊病重起、瘦

胃嶙峋、自如不久餘生、撰此墓誌、遺子孫刻石留名

黃篆　瘦峯撰

中華民國○○年○月○日

陽孝男　爾璇博傳　建立
陽孝孫　遹伍

黃杰敬贈

墓誌文，為詩人黃篆親筆手稿。

民國三十四年五月六日亡兒爾民獄中拷死紀念感賦

倭冠縱擒日　吾兒縈獄門　三子要須有　千秋不白冤

精衞填恨海　慘澹地天昏　未報盟軍捷　報兒討音宣

星霜經五載　檢點血淚痕　白骨關西堋　陰燐竹北村

生前日政妃　死後民族魂　情留雙半妹　難慰一楮苴

附註：亡兒爾民於民國卅三年十月被日警拘禁，最初拷打徧體鱗傷，令人不忍目觀。後來押送到新竹，嚴禁圖囹中，彼此消息斷絕，經過八個月到卅年五月六日卒報計音。至此，一塊報情養之血肉已破損杳虎然矣！我先復後，親到新竹關西堋，查探亡兒屍體葬處，但荒堁壘壘，無可找尋。

詩人黃篆所作 1945 年亡兒爾民獄中拷死紀念感賦。

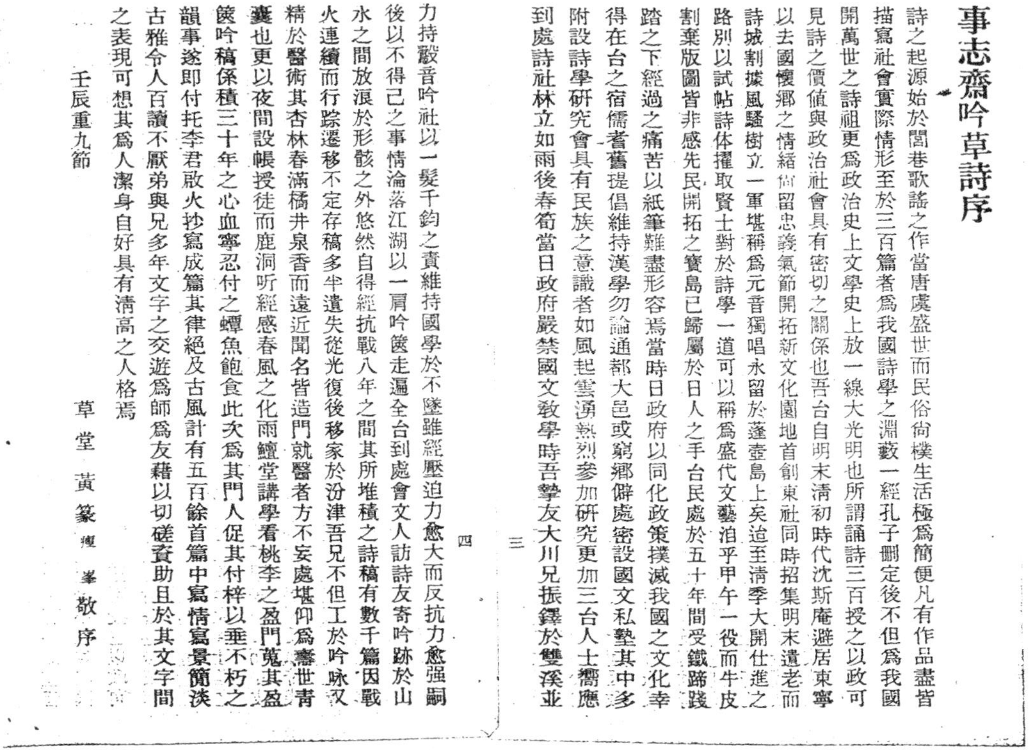

事志齋吟草詩序

詩之起源始於閭巷歌謠之作當唐虞盛世而民俗尙樸生活極爲簡便凡有作品盡皆描寫社會實際情形至於三百篇者爲我國詩學之淵藪一經孔子刪定後不但爲我國開萬世之詩祖更爲政治史上文學史上放一線大光明也所謂誦詩三百授之以政可見詩之價値與政治社會具有密切之關係也吾台自明末淸初時代沈斯庵避居東寧以去國懷鄉之情緖尙留忠義氣節開拓新文化園地首創東社同時招集明末遺老而詩城割據風騷樹立一軍堪稱爲元音獨唱永留於蓬壺島上矣迨至淸季大開仕進之路別以試帖詩体擢取賢士對於詩學一道可以稱爲盛代文藝洎乎甲午一役而牛皮割棄版圖皆非感先民開拓之寶島已歸屬於日人之手台民處於五十年間受鐵蹄踐踏之下經過之痛苦以紙筆難盡形容焉當時日政府以同化政策撲滅我國之文化幸得在台之宿儒耆舊提倡維持漢學勿論通都大邑或窮鄉僻處密設國文私塾其中多附設詩學研究會具有民族之意識者如風起雲湧熱烈參加研究更加三台人士嚮應到處詩社林立如雨後春筍當日政府嚴禁國文敎學時吾摯友大川兄振鐸於雙溪並

三

力持騷音吟社以一髮千鈞之責維持國學於不墜雖經壓迫力愈大而反抗力愈强嗣後以不得已之事情淪落江湖以一肩吟篋走遍全台到處會文人訪詩友寄吟跡於山水之間放浪於形骸之外悠然自得經抗戰八年之間其所堆積之詩稿有數千篇因戰火連續而行踪遷移不定存稿多半遺失從光復後移家於汾津吾兄不但工於吟咏又精於醫術其杏林春滿橘井泉香而遠近聞名皆造門就醫者方不安處堪仰爲壽世青囊也更以夜間設帳授徒而鹿洞听經感春風之化雨鱣堂講學看桃李之盈門蒐其盈篋吟稿係積三十年之心血寧忍付之蟫魚飽食此次爲其門人促其付梓以垂不朽之韻事遂即付托李君啟火抄寫成篇其律絕及古風計有五百餘首篇中寫情寫景簡淡古雅令人百讀不厭弟與兄多年文字之交遊爲師爲友藉以切磋資助且於其文字間之表現可想其爲人潔身自好具有淸高之人格焉

壬辰重九節

草堂　黃篆　煙峯　敬序

四

1952年刊行於洪大川《事志齋吟草》的詩序，由黃篆先生所撰。

第二屆鄉長當選証書

服務証明書

第三屆鄉長當選証書。

臺灣省雲林縣鄉鎮長選舉監督

吳景徵為給與證書事依臺灣省各

縣市鄉鎮區縣轄市長選舉罷免規

規定選舉之結果黃篆先生當選為

水林鄉鄉長合依臺灣省各縣市鄉鎮

區縣轄市長選舉罷免規程第二十條

之規定給與當選證書

右給與

黃篆先生

縣長兼選舉監督　吳景徵

中華民國四十　年　月十日

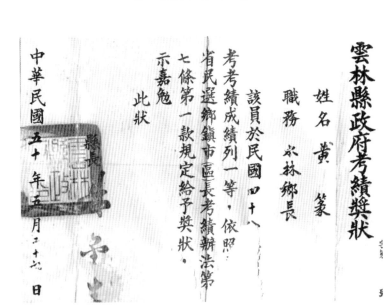

考績獎狀。

雲林縣政府考績獎狀

姓名　黃篆

職務　水林鄉長

該員於民國四十八

考考績成績列一等，依照：

省民選鄉鎮市區長考績辦法第

七條第一款規定給予獎狀。

示嘉勉

此狀

縣長

中華民國五十年五月三十　日

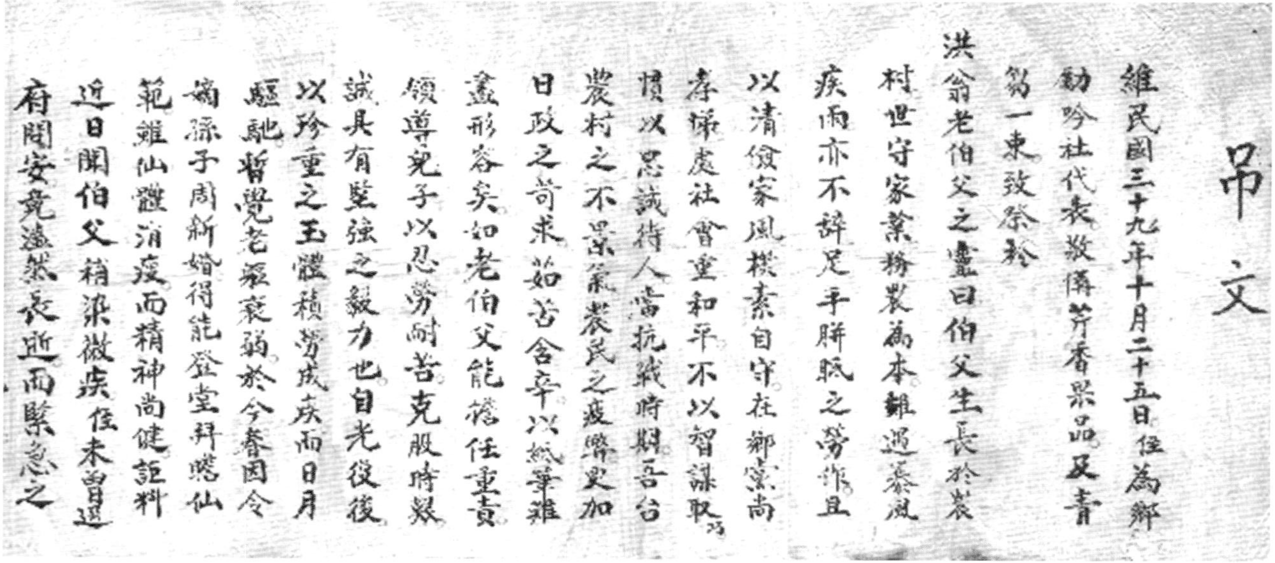

弔文

維民國三十九年十月二十五日任為鄉
勳吟社代表敬備芹香菓品及青
蒭一束致祭於
洪翁老伯父之靈曰伯父生長於農
村世守家業務農為本雖逼暴風
疾雨亦不辭足手胼胝之勞作且
以清儉家風樸素自守在鄉黨尚
孝悌處社會重和平不以智謀取巧
惟以忠誠待人當抗戰時期吾台
農村之不景氣農民之疲弊更加
日政之苛求茹苦含辛以紙筆難
盡形容矣如老伯父能擔任重責
領導兒子以忍勞耐苦克服時艱
誠具有堅強之毅力也自光復後
以珍重之玉體積勞成疾而日月
驅馳皆覺老弱衰弱於今春因令
嫡孫子周新婚得能登堂拜嘏仙
範雖仙蹤消瘦而精神尚健詎料
近日聞伯父稍染微疾住未曾退
府聞安竟溘然長逝而緊急之

1959年黃篆先生弔祭洪大川先生之尊翁的弔文

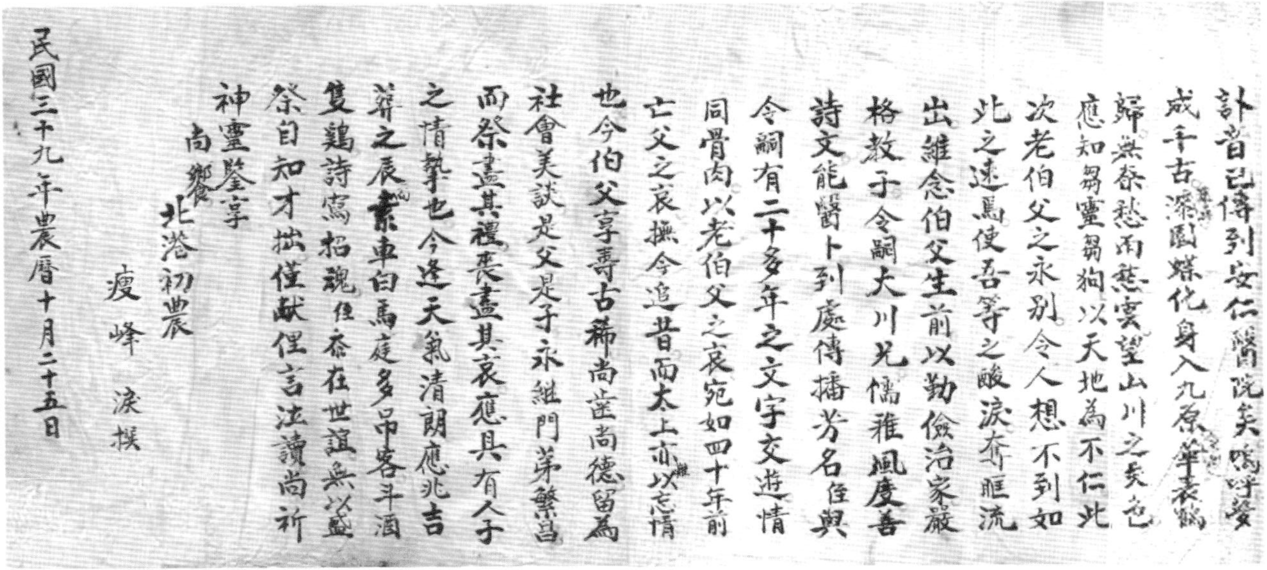
訃音已傳到安仁醫院矣嗚呼婆
成千古潔圓蝶化身入九原華表鶴
歸無夢愁雨慘雲望山川之失色
應知弱靈弱物以天地為不仁此
次老伯父之永別令人想不到如
此之速焉使吾等之酸淚奔脹流
出維念伯父生前以勤儉治家嚴
格教子令嗣大川兄儒雅風度善
詩文能醫卜到處傳播芳名自與
令嗣有二十多年之文字交遊情
同骨肉以老伯父之哀宛如四十年前
亡父之哀撫今追昔而太上亦以忘情
也今伯父享壽古稀尚崇尚德留為
社會美談是父是子永紹門第繁昌
而祭盡其禮喪盡其哀應具有人子
之情摯也今逢天氣清朗應兆吉
葬之辰素車白馬庭多吊客斗酒
隻雞詩篇招魂但奈在世誼無以盛
祭自知才拙僅獻俚言泣讀尚祈
神靈鑒享
尚饗
北港初農
瘦峰　淚撰
民國三十九年農曆十月二十五日

1959年黃篆先生弔祭洪大川先生之尊翁的弔文

黃篆先生致林友笛先生信札。

林友笛先生回覆黃篆先生信札。

敬輓黃媽陳太孺人千古

訃音驚到月黃昏
陰我題詩徐淚痕
今日四湖徵克婉
儘教師友共招魂
誦落塵寰七一秋
榮夫訓子耀書樓
可憐不疾成千古
空使螢中共淚流

民國六十年八月廿日

洪大川揮淚

洪大川先生為黃篆夫人陳卻世逝世時所作的輓詩。

黃篆漢詩探究

鄭　定　國

一、前言 ── 黃篆的生平和創作背景

（一）黃篆的生平

　　黃篆先生，字瘦峰，又字天篆。1901 年生於雲林縣水林鄉蔦松村，1973 年別世。幼時黃篆進入北港宿儒李冠三暨李西端「求得軒書齋」（1914 年創立）帳下學習漢文。及長，日治時期於水林鄉尖山、蕃薯寮、北港鎮鄉間等地教授漢文，以延漢學。

　　1934 年元旦，在北港曾人岸的客寓，黃篆和曾人傑、曾人岸、邱水謨、洪天賜、李水波、林國賜創立了愛國愛鄉的詩人團體鄉勵吟社，並聘請了前清秀才林維朝及本縣碩儒李冠三、李西端爲顧問。一時之間，北港有民聲吟社（約 1920 至 1925 年）、汾溪吟社（約 1920 至 1925 年）、汾津吟社（1922 年）、彬彬吟社（1936 年）[1]加上鄉勵吟社，鉢聲此起彼落，洋溢在北港街頭。1945

1　彬彬吟社在廖雪蘭《臺灣詩史》56 頁，以爲是北港人士創立，然不云何人，經查陳延年自澎湖遷北港街，曾使用「斌斌」、「斌斌生」爲筆名，他一直圍繞在北港、褒忠、元長地區參加詩社，並創立「元長詩學研究會」，故疑「彬彬吟社」亦爲其所創，成員疑多北港人士、褒忠人士、元長人士等。參見拙著《陳延年雪杏軒吟草》。

年，台灣光復，鄉勵吟社遷至口湖鄉湖口村李西端的「求得軒書齋」繼續擊鉢不輟。

　　鄉勵吟社日治末期，黃篆的長子黃漢民，因案被日人下獄而亡，黃篆哀痛逾恆，停止創作，作品一時中斷。直到台灣光復黃篆去北港初農教書。1954 年，他踏入政途，當選水林鄉鄉長，並連任一次，因行事公正不阿，有水林御史的美稱。1960 年卸任後，時與吟友賦詩為娛。所遺《草堂詩鈔》二冊，係未刊本，其餘詩作散見於《詩報》、《詩文之友》、《台灣詩選》、《中華詩苑》、《中華藝苑》，暨詩友的別集中，總數約有五百首左右。黃氏詩鈔所見有林維朝所選詩，有與恩師李冠三唱酬作品，有寄賴懶雲、林友笛、楊笑儂、洪大川等的詩，除受師長親炙，且又交遊廣闊，並非寂寞寡友的讀書人。

（二）黃篆的創作背景

　　黃篆在日治時期可能沒有接受正式的公學校教育[2]，因為北港公學校雖然成立，但距離水林甚遠，水林公學校遲至大正九年方始成立，在此情況之下，人民求知的過程十分艱辛，而黃篆選擇了漢文書房拜師求藝，因此漢文基礎則是在李西端「求得軒書齋」的指導顧問林維朝、李西端、李冠三諸先生的薰陶下奠定厚實的根基。

　　黃篆的老家在水林鄉蔦松村，地近北港、嘉義，所以他除了參加鄉勵吟社之外，也曾加入麗澤吟社，並與岱江吟社的林友笛、楊笑儂、蔡漁笙、粘漱雲，汾津吟

---

2 海口厝公學校口湖分校 1918 年成立，是時黃篆先生 18 歲，不知是否去口湖分校接受日文教育？疑不能明。求得軒在牛挑灣溪畔，距離口湖分校尚近，若經濟許可，或有可能就學的。

社的洪大川、鄉勵吟社的邱水謨、張啓、洪天賜、王慶雲等人相友善，時時往來唱酬。其他如彰化賴和，嘉義黃傳心、彩雲，學甲吟社李鴻華等皆有往來。

二、黃篆漢詩的主題內涵

目前已蒐集黃篆漢詩五百餘首，今將其內容稍作分類，約有六類，其一鄉土風物的關懷，其二師友的聲氣相得和祝福，其三抒發襟抱的苦悶，其四客居的鄉愁呼喚，其五鷗鷺吟友的唱酬。茲分述如後。

（一）鄉土風物的關懷

氤氳崟嶺氣鍾靈，北近三貂作障屏。
非霧非雲頻幻影，和風和雨自成形。
輕籠遠岫千重翠，淡抹高峰一角青。
繚繞素浮天際外，蒼茫夕照晦滄冥。

黃篆〈崟嶺夕煙〉詩報 45 號 1932.10.15

此詩是詩人壯年初期的作品。當時宜蘭《登瀛吟社》徵詩，以宜蘭的崟嶺北近三貂，以高名，石磴如梯，多有煙雨，為蘭陽八景之一。黃氏所作固為徵詩，或與己身情感無涉，但詩意扣題穩妥，遣詞清麗素雅之外又活潑變化，對仗工緻，音節瀏亮，故入選。

汾津橋上晚霞紅，水色山光笨港風。
雨霽玉峰看落日，流奔瀛海跨長虹。
聞砧過雁形容外，衰柳寒蒲冷淡中。
極目蒼茫天際裡，愁聲斷送一征鴻。

黃篆〈秋日北港大橋遠眺〉詩文之友 29 卷 2 期 1968.12.1

名冠東洋技獨超，濟川功業史彰昭。

橫斜古渡螺溪月，點綴新題濁水潮。

鐵鎖連環堅石柱，金波弄影掛虹腰。

誓師大陸收回後，利涉征途國祚遙。

黃篆〈西螺大橋〉雲林文獻 2 卷 1 期 1953.3

黃氏生於水林，幼年受教育於北港，及長往來雲林縣內，常經西螺大橋。因此詩人吟詠北港大橋、西螺大橋都是以親鄉親土的情感和身世家國之慨寫入其中。〈秋日北港大橋晚眺〉時詩人已 68 歲入暮之年，故詩多寒意，詩句「衰柳寒蒲冷淡中…愁聲斷送一征鴻」有孤獨傷悲的蒼茫韻味。寫〈西螺大橋〉時，53 歲，正待從教職轉戰政治官場，意氣風發，也想名留史冊，其詩句有「濟川功業史彰昭…利涉征途國祚遙」，將自己的事功與國家的前途繫連。

結構莊嚴氣象雄，玉峰高聳勢摩空。

七重寶樹環精舍，一片慈雲護梵宮。

塔影斜連山嶂外，鐘聲遠隔雨煙中。

巍峨寺貌鍾靈地，香火春秋佛法崇。

黃篆〈接天寺落成紀念〉

峰巒未許露朝曦，遠近鐘聲出九嶷。

繼續洪音傳梵宇，清涼秋氣動山陂。

五更已醒人間夢，一念無差佛界慈。

更愛乾坤明朗化，嶺梅籬菊入新詩。

黃篆〈秋寺曉鐘〉

玉峰山接天寺落成和秋寺曉鐘都是徵詩之作。詩人在文字鍛鍊方面，非常成功，如「塔影斜連山嶂外」像

是一抹水墨畫清朗雋永且有映帶之美，而「鐘聲遙隔雨
煙中」除有視覺享受之外，另有聽覺悠悠隱約遠近伸縮
的距離美。而「五更已醒人間夢」句一語雙關，深敲靈
台，警語也。

　　玉峰山色鬱青蒼，健足行吟笑放狂。
　　樣圃風清留故趾，桃城月朗照迴廊。
　　三春選勝攜詩卷，十里尋芳倒酒觴。
　　獨喜宜春樓上望，燈光萬點認輝煌。
　　　　　　　　　　　　　　　黃篆〈諸羅攬勝〉

　　千秋壽嶺氣鍾靈，旗鼓東南作障屏。
　　澗底禽鳴流水活，林間樵唱暮山青。
　　歌聲嘹喨傳空谷，笠影歌斜過小停。
　　我為爛柯心事在，歸來頭上見披星。
　　　　　　　　　　　　　　　黃篆〈壽山樵唱〉

　　這些作品都是書敘台灣鄉土風物的關懷，詩人融情
入景，援景挑情，都是緊扣題目的佳作。

（二）師友的聲氣相得和祝福

　　儒林凋處總堪憐，壇坫詩盟孰主肩。
　　過客人間成短夢，埋才地下作長眠。
　　傳薪文字留千載，治世經綸墜九淵。
　　飲泣泉台情痛隔，孤墳落日亂啼鵑。
　　　　　　　　　　　　黃篆〈追悼李冠三先生之一〉

　　大夢人間六十年，文章經濟賸殘篇。
　　千秋名姓留皮豹，一代風騷蛻殼蟬。
　　龍化鼎湖雲黑地，鶴歸華表月明天。
　　招魂不盡淒涼感，洗遍銀河涕淚漣。

黃篆〈追悼李冠三先生之二〉

千古師恩傳鹿洞，一家儒學闢鱣堂。

于今文教昌明日，化雨春風絳帳張。

黃篆〈絳帳春風〉

追師驥尾赴南來，今日相逢笑口開。

高港鷺鷗欣結契，門庭桃李善栽培。

談心且莫分賓主，促膝何妨酌酒杯。

遙望陸橋煙景好，吟情長繫鼓山隈。

張清輝〈同黃瘦峰夫子赴高雄拜訪許君山先生，

賦呈並祈斧正〉

海天鷗鷺締前盟，骨肉情逾似弟兄。

傲世功名忘得祿，傷時涕淚吊延平。

久懸吟幟為詩將，突破愁城借酒兵。

更愛風騷長振起，江山藻繪象文明。

黃篆〈偕張清輝賢契赴高雄訪許君山詞長即呈〉

詩文之友 1 卷 6 期 1953.10.1

　　李冠三（1877 年至 1937 年）既是鄉勵吟社的顧問，也是指導黃氏漢文的恩師。李師物故，黃篆感受師恩，所謂「招魂不盡淒涼感，洗遍銀河涕淚漣」無限神傷。據《詩報》資料，當時仍有求得軒弟子曾仁杰作輓詩六首，有「死遺詩稿待千年」句又有「銷魂未忍讀遺篇」句，可見李冠三應有著作遺世，但如今蒐羅已無功，僅尋得數首罷了，實在遺憾。弟子曾人岸輓詩云：「青年志壯興家國，白髮心存執教鞭。」可圖繪出李冠三先生的愛鄉衛國的高風亮節。張清輝是黃篆的弟子，亦生亦友，情分更是不同，絳帳春風的三代情誼從詩意當中自然流

露出溫馨一片。

（三）抒發襟抱的苦悶

1. 早歲不得志

人海茫茫寄此身，何堪怨別復傷春。

猖狂阮藉顛猶醉，落拓相如病亦貧。

平地風波都不管，隔江煙火是何因。

故山猿鶴長相憶，千里歸途夢未真。

　　　　　黃篆〈旅次感作之一〉詩報 39 號 1933.7.15

日長讐課到黃昏，悵觸鄉心手自捫。

冷雨淒風覊客淚，青燈孤館故人魂。

一場春夢憐蕉鹿，半世功名付酒樽。

瓦釜雷鳴悲此日，黃鐘毀棄已無存。

　　　　　黃篆〈旅次感作之二〉詩報 39 號 1933.7.15

狂奴故態尚依然，客裏耽吟恨轉牽。

寄食漫彈馮子鋏，謀生且乞廣文錢。

半鈎涼月三春夜，一片鄉心萬里天。

遊子江南芳草地，落花時節怨啼鵑。

　　　　　黃篆〈旅次感作之三〉詩報 39 號 1933.7.15

漫將錦瑟惜華年，兩字書癡暗自填。

愧我埋頭藏我拙，看人搖尾乞人憐。

趨權媚勢狐依虎，逐利爭名蟻附羶。

鐵血雄心消欲盡，死灰不信更重燃。

　　　　　黃篆〈旅次感作之四〉詩報 39 號 1933.7.15

歸來僕僕拂征塵，稚子牽衣笑問頻。

不盡關山雙健足，無邊天地一吟身。

荒涼景物仍依舊，淡薄生涯不改新。

多謝故人相問訊，年年世味覺酸辛。

黃篆〈歸家感作〉詩報 41 號 1933.8.15

瘦峰先生久客異鄉為謀生，遊子回家，鄉愁立解，不但回家時家人、稚子闔家快樂，杜詩，但是回鄉並不能解決生活上的問題，因此歸鄉有不如歸的感覺，詩說：「年年世味覺酸辛」真屬不幸，心中的安慰還需要從朋友噓寒問暖的關懷中獲得。

行李匆匆曙色天，襟寒羸骨戰風前。

疏林一角懸殘月，遠岫千重罩曉煙。

樸子津頭人立馬，田篆溪畔客停鞭。

臨流莫唱分無渡，滿眼時潮共刺船。

黃篆〈曉渡樸津〉詩報 70 號 1933.11.15

海西盡處古荒原，憶舊又尋去歲村。

別後韋郎嗟已老，再來崔護總消魂。

蹄驕駿馬銷輪鐵，淚濕青衫混酒痕。

惆悵不堪回首問，莫將往事復重溫。

黃篆〈經過溝感作〉詩報 70 號 1933.11.15

汾津別後久無詩，風雨關山雁札遲。

對酒記曾蒲節後，懷人猶是月明時。

十年蹤跡留鴻爪，一代聲名尚豹皮。

萬里相思縈短夢，此生寥落有誰知。

黃篆〈寄懷曾人傑曾人岸兩昆仲〉詩報 69 號 1934.11.1

有涯強欲究無涯，得失浮生轉瞬時。

漫道愁圍兼苦境，秋風茅屋杜陵詩。

黃篆〈述懷〉草堂詩鈔手稿

日治時期黃篆羈旅生涯頻仍，從樸津到羅山，再從

羅山行役到北港、口湖、水林，飄泊的不定，貧病的痛楚，況又日人統治，民風盛行趨權阿諛，瓦釜雷鳴甚囂塵上，有節之志士，雄心銷磨殆盡，所以詩人早歲便有「此生寥落有誰知」的詩句，確屬實錄。坐館的生涯，在日據時期，是偷偷地進行3，且家家貧困，束修菲薄又能如何指望，不得意，不得志，客旅生涯，借酒澆愁自是愁更愁，無奈已極。

2.壯歲走出哀情走入鄉梓

　　1945 年，台灣光復前夕，日政法紀紊亂，詩人次子黃漢民在獄中以莫須有的罪名遭拷打而死，詩人雖哭天喊地，徒呼奈何，曾泣血賦詩，控訴日人虎狼暴行。詩云：

> 倭寇縱橫日，吾兒繫獄門。
> 三字莫須有，千秋不白冤。
> 精禽填恨海，慘澹地天昏。
> 未報盟軍捷，報兒訃音喧。
> 星霜經五載，檢點血淚痕。
> 白骨關西塚，陰燐竹北村。
> 生前日政犯，死後民族魂。
> 情留雙弟妹，難慰一椿萱。

黃篆〈民國 34 年 5 月 6 日亡兒爾民獄中拷死紀念感賦〉

1945 年

　　此事件讓詩人消沉了數載。直到 1951 年，詩人轉

---

3 黃篆〈儒峰頹〉詩云：「嘆鳳嗟麟恨不窮，頹然泰岱廢存崇。那堪傾圮如今日，無賴斯文毀墜中。」詩意對於儒家的傾頹，斯文的敗類哀痛頓足，悲憤難償。詩人並有附註：「日官憲嚴禁漢文私塾，且台籍日係教員為虎作倀，更加厲害云。」

移注意力，投向水林鄉政界發展，1954 年、1957 年先後
擔任二屆水林鄉鄉長職務，心境逐漸開朗，此段時期，
詩作甚少。目前尋得 1963 年鄉勵吟社創立三十週年紀念
聯吟大會上黃篆先生即席口占〈詩友〉：

> 交情深淺莫相稽，賦性耽吟合試題。
>
> 更愛香山圖九老，騷壇高築五雲齊。

詩的內涵係以高朋耽吟，騷雅合聚為主旨。鄉勵吟
社結合求得軒書齋，一方面使鄉勵吟社擊鉢不輟，一方
面讓求得軒書齋繼續在濱海地區培育人材成千上萬，是
濱海文化的搖籃[4]。

3.晚歲整理舊作裁製新作

詩人甫卸任水林鄉長職務，退居蔦松村，日以詩文
會交，纂成草堂詩鈔三冊，其中不乏真性情之作堪能傳
世，另有文集遍尋不得，文章固有價，然存亡亦有幸與
不幸，也無可如何，此事今古難全。村居的風光恰是詩
人的養分，所謂山川之助也。今錄〈村居即景〉（手稿本）
一首：

> 四面秧田綠，郊原草似氈。
>
> 鶯花開雨後，燕剪度風前。
>
> 海水沉殘日，山雲襯晚天。
>
> 牛羊歸結隊，縷縷見吹煙。

此後水林蔦松村所見，又有〈漁村曙色〉（手稿本）：

> 蟹火微明裏，清晨爽氣加。

---

4 求得軒書齋，從 1914 年至 1971 年，將近一甲子的書房（私塾），
為台灣教育史上特殊的記錄，為鄉土文化種苗的育苗圃。參見
曾人口《金湖春秋》130 頁。

一鉤滄海月，兩岸荻蘆花。

撒網磯頭靜，歸舟渡口譁。

魚蝦無別業，錯落幾人家。

漁村風華，正是詩人詩思的源泉，「撒網磯頭靜，歸舟渡口譁」將漁村生態和動靜情境刻畫無遺，異常生動。

閒遊也是晚歲的休閒活動，鍛鍊腳力，有益身心，且能增廣見聞。

得便幽栖且便栖，草堂杜老浣花谿。

天應有意憐秋士，我卻無心問夏畦。

任與趨炎成走狗，不堪苦熱共莎雞。

虎頭山下清遊好，即日隨身喚小奚。

黃篆〈虎溪避暑之一〉

一溪清景秀煙寰，勝地宜人數往還。

暑氣消潛巖壑裡，詩情寄托水雲間。

流金爍石時多熱，沈李浮瓜意自閒。

指點波心涼味好，小舟盪到小孤山。

黃篆〈虎溪避暑之二〉

虎溪即是虎尾溪，是雲林縣虎尾鎮地名由來的淵源。位在虎頭山下，溪水數百年來常如虎尾漂忽不定，溪流變道頻繁。然而「虎溪躍渡」竟成為雲林八景之一。瞧詩人描寫虎尾溪寫得多好？「一溪清景秀煙寰，勝地宜人數往還」，是可以多次遊樂的好地方。第一首虎溪避暑詩有些諷刺味，指出不堪與趨炎日本的走狗漢奸合流，所以擇地避暑，又云：「草堂杜老浣花谿」，乃詩人羨慕杜甫在浣花溪畔蓋了草堂讀書，所以也稱自己的詩

草為《草堂詩鈔》，恐怕正是黃詩集得名的原因。

（四）客居的鄉愁呼喚

日治時期謀職不易，悖逆之士卻洋洋得意，非但瓦斧雷鳴，且作踐寒士，打擊異己，不但黃篆有此之感，諸多有志之士皆有同感。前文有黃篆的旅次感作，今錄其師李冠三之作，傾吐露骨，尤見羈旅之愁，茲敘述如下：

> 海陬僻處寄吟身，寂寞他鄉值暮春。
> 楚璞三投無賞識，蘇裘一敝已成貧。
> 翻雲覆雨雖多事，入地升天自有因。
> 社會於今陰翳滿，重重黑幕認難真。
> 李冠三〈敬次瘦峰君旅次感作芳韻之一〉

> 風雨淒淒白日昏，客中心事有誰捫。
> 耳邊不聽鄉音語，枕上頻驚蝶夢魂。
> 極目枌榆猶隔地，勞形詩酒且傾樽。
> 茫茫濁世強權甚，公理何人可共存。
> 李冠三〈敬次瘦峰君旅次感作芳韻之二〉

> 回首鄉山思悄然，南來汾水恨重牽。
> 凌霄願作雲間鶴，易地難求意外錢。
> 作客未除豪士氣，辭家曾記艷陽天。
> 三更夢醒無聊甚，耳底何堪聽杜鵑。
> 李冠三〈敬次瘦峰君旅次感作芳韻之三〉

> 案頭兀兀坐窮年，志願難酬精衛填。
> 抑鬱心懷惟自覺，飄零身世有誰憐。
> 深山有木難棲鳥，大地無糧更食羶。
> 品首雲霾迷眼界，死灰何日可重燃。

李冠三〈敬次瘦峰君旅次感作芳韻之四〉

　　因為「易地難求意外錢」，坐館的人脈固定，街庄固定，換了地方，並不一定能找到工作，所以說作為師長的李冠三深知此理，只能安慰，日治的現實社會，不但「重重黑幕」，沒有「公理」可言，看來師徒都覺悟到「抑鬱心懷惟自覺，飄零身世有誰憐？」只有期待「死灰重燃」的光明早日來到，這幾首詩其實已算是十二分露骨地控訴日治生涯的不堪，民心如此，日本人焉能不敗。

　　客居飄零，生活窘迫，如此就困住詩人了嗎？未必。詩人天生傲骨，守禮守分，勤於筆耕，於浮名甚輕視，這也是後來做了二任兩袖清風的鄉長，仍能毫不戀棧的急流勇退，迅速的離開政治圈而安享晚年。

> 生成傲骨氣崚嶒，禮義詩書非曰能。
> 莫把疏庸為怠慢，豈真強梗是驕矜。
> 人因嚼蠟知無味，我愛吹虀覺懲後。
> 到底利名周腐鼠，文章墨守舊規繩。

黃篆〈偶感〉草堂詩鈔手稿

　　詩人對名利有所不為，卻對文章翰墨鍾情而能固守規範，顯然是個堅持礪行向學的詩人。

（五）鷗鷺吟友的唱酬

　　黃篆先生吟友甚多，所謂「德不孤必有鄰」。眾多的吟友成為行走詩壇的同道，彼此安慰，相互濡沫，這一片吟友的網絡組合成不會寂寞的人生。

> 吟壇久已負詩盟，偶讀佳章百感生。
> 流水鳴琴聞雅調，敲金戛玉叶新聲。

> 憑君驥尾長依附，拙我蠅頭學鑽營。
> 雞黍秋風能踐約，聯床夜話閉柴荊。

黃篆〈敬和傳心兄寄懷原韻之一〉

　　黃傳心，東石人。受學於林維朝秀才門下，能博學堪輿、醫術、卜爻、詩詞、管弦、書法、丹青、拳法等才藝，是全方面才華的詩人。從本詩末句「雞黍秋風能踐約，聯床夜話閉柴荊」就可以想見兩人交情的深厚了。

> 海西風景約相探，帽影鞭絲駕此驂。
> 浪說魚鹽開石港，空餘山月印雙潭。
> 三春訪友情猶摯，一路尋詩興更酣。
> 漫問他鄉同作客，萋萋芳草賦江南。

黃篆〈過雙連潭訪大川君步傳心兄韻〉

　　洪大川，新港人。刻苦向學，遂博道群經，工詩，善卜，精研中醫，風水，著有《事志齋詩文集》。從《事志齋詩文集》觀察，黃篆與龔顯昇、林國賜、洪大川、王東燁、朱芇亭、黃傳心等都是舊識。日治時期，詩人們遠走他鄉客旅在外，情況普遍，洪大川也是南北四處謀生的，所以本詩所云洪氏從新港客居東石港雙連潭，詩人特地利用春天去拜訪，剪燭話舊。

> 相逢把臂晚筵開，即席聯吟喜共陪。
> 字畫風流偕逸少，詞章品格繼袁枚。
> 江山麗藻披詩卷，天地豪懷入酒杯。
> 準擬平原留十日，不妨泥醉玉峰頹。

黃篆〈席上呈謝景雲詞友〉

　　詩人與謝景雲可能是初識，話語相當客氣，譽美對方有袁枚之才，詩佳人豪，把談甚歡。何以說「甚歡」？

請看末句「準擬平原留十日，不妨泥醉玉峰頹」，謝氏之豪如平原君，人相契投緣，所以期待不醉不歡。我細觀《草堂詩鈔》感受詩人不僅愛與舊友連繫，更能在宴席唱酬之間主動交識新朋友，故知詩人人緣極佳，此點成為後來詩人從政而選鄉長的最佳資源。

結　語

綜觀黃篆先生《草堂詩鈔》的漢詩所呈現的現象，其一參與徵詩的作品頗多，這是日治時期詩人尋找發表園地的普及情形，詩人們由於經濟情況差，在發表和出版機會不易的情形之下，多半選擇就公眾的報章雜誌投稿刊出。其二詩人也有許多因事因情隨手抒懷的詩稿，這些作品的情性價值很高，最值得深入研究。其三詩人壯年晚年皆曾整理自己的詩集，雖然不曾出版，但手稿和架構皆在，有助於今日的重新整理出版。

黃篆先生年譜

鄭定國編

　　黃篆先生名篆，字瘦峰，又字天篆。原祖籍福建省漳州村平和縣，清寧理溪源堡，樸仔墟街山前社。先祖渡台後定居水林鄉頂蔦松。

光緒二十七年　辛丑

（西元 1901 年，明治 34 年），一歲

時事：清政府與列強簽訂辛丑條約。

生活：出生於水林頂蔦松鄉蔦松村（今松中村）。祖父黃定山（1830-1901），祖母張氏梅娘（1832-1908），父黃金聲（1870-1909），母王氏草（1875-1949）。

備考：戶籍註記，黃篆先生出生於民國前 14 年，明治 31 年。據其哲嗣黃博儒先生云：家母生前說明她與父親同年，出生於 1901 年，光緒 27 年，辛丑年，且其祖父親筆記載天篆係辛丑年出生，故戶籍註記 1898 年並不正確，可能有誤。

光緒三十二年　丙午

（西元 1906 年，明治 39 年），五歲

生活：隨父親轉居台南縣塩水鎮（塩水港街）。

宣統元年　己酉（西元 1909 年，明治 42 年），九歲

生活：父親黃金聲先生去世，舉家遷回水林蔦松祖宅。

宣統二年　辛亥（西元 1910 年，明治 43 年），十歲

生活：師事北港李冠三先生，學習漢詩漢文。

民國元年　壬子（西元 1912 年，大正元年），十二歲

時事：清朝亡，中華民國建立。

民國五年　丙辰（西元 1916 年，大正 5 年），十六歲

生活：學習漢學有成。

備考：北港公學校水燦林（水林）分校設立。

　　　水林公學校大正 9 年方成立。

民國八年　己未（西元 1919 年，大正 8 年）十九歲

備考：北港公學校蔦松公校設立，民國十年四月一日獨

　　　立設校。

民國十年　辛酉

（西元 1921 年，大正 10 年），二十一歲

備考：林獻堂領導的台灣文化協會於台北成立。

民國十三年　甲子

（西元 1924 年，大正 13 年），二十四歲

生活：娶妻陳却世。

民國十五年　丙寅

（西元 1926 年，大正十五年，昭和元年），二十六歲

生活：次男黃漢民誕生。

民國十六年　丁卯

（西元 1927 年，昭和 2 年），二十七歲

生活：黃篆先生任水林本地保甲書記。

民國十七年　戊辰

（西元 1928 年，昭和 3 年），二十八歲

生活：三男黃爾聰誕生。

民國二十一年　壬申

（西元 1932 年，昭和 7 年），三十二歲

生活：次女黃金柚誕生。

　　　爲了謀生，在外地設帳，常有思鄉之苦。

　　　9 月過訪林友笛朴子宅。

作品：〈隘嶺夕煙〉七律一首，〈旅次感作〉七律四首，
　　　〈歸家感作〉七律一首，〈夜話偶作敬和楊笑儂先
　　　生芳韻〉七律二首，〈壽山樵唱〉七律一首（此是
　　　最早版本）。

備考：林友笛作〈次黃瘦峰君過訪見贈韻〉。

民國二十二年　癸酉

（西元 1933 年，昭和 8 年），三十三歲

生活：與曾人杰、曾人岸、洪天賜、李水波、林國賜、
　　　邱水謨等七人創立北港鄉勵吟社，公推曾人杰爲
　　　社長，敦聘林維朝、李冠三、李西端三位爲顧問。
　　　嗣與北港民聲吟社、汾溪吟社、汾津吟社互通聲
　　　氣，時相唱和，擊鉢聯吟。

作品：〈書懷〉七律四首，〈曉渡樸津〉七律一首，〈經
　　　過溝感作〉七律一首，〈重遊袋江席上呈笑儂先生
　　　並似漁笙、漱雲、友笛諸友〉七律一首，〈寄懷曾
　　　人傑人岸兩昆仲〉七律一首。

民國二十三年　甲戌

（西元 1934 年，昭和 9 年），三十四歲

生活：三女黃餚誕生。

　　　參加鄉勵吟社詞友邱水謨和陳雪花女士的新婚擊
　　　鉢。

時在蕃薯厝設帳，故以蕃薯厝瘦峰軒的名義辦理
徵詩活動，全省各地都有寄稿，錄取十五名給予
薄獎。

作品：〈撮合山〉七絕一首，〈新婚燭〉七絕二首，〈農
家嘆〉七絕四首，〈擇婦〉七律二首，〈楚項羽羞
歸〉七律一首，〈寒衣〉七絕二首。

民國二十四年　乙亥
（西元 1935 年，昭和 10 年），三十五歲

生活：鄉勵吟社遷址口湖鄉湖口村求得軒書齋，即李西
端住宅，繼續鼓吹騷風。

作品：詞友黃傳心弟弟黃秀峰結婚，與詞友一同擊鉢作
〈並蒂牡丹〉詩賀之。

民國二十五年　丙子
（西元 1936 年，昭和 11 年），三十六歲

生活：四男爾璇誕生，時黃篆任部落書記。

作品：〈過雙連潭訪大川君和傳心兄瑤韻〉七律一首。

備考：鄉勵吟社顧問李冠三去世。

民國二十六年　丁丑
（西元 1937 年，昭和 12 年），三十七歲

時事：日治時期台灣展開「皇民化運動」。

生活：三男爾聰去世。

作品：〈別筵〉七絕一首，〈暮春書懷〉七絕二首，〈春
穫〉七絕二首，〈獨立山〉七絕一首，〈鄉勵盟鷗
圖〉七絕一首，〈追悼李冠三先生〉七律二首，〈哭
聰兒〉。

民國二十七年　戊寅

（西元 1938 年，昭和 13 年），三十八歲

生活：在水林庄尖山教授漢文。

作品：〈征衣〉七絕一首，

備考：朴子林友笛定居四湖，在四湖庄役場服務。

民國二十八年 己卯

（西元 1939 年，昭和 14 年），三十九歲

生活：五男博儒誕生。黃篆先生西渡廈門。

備考：鄉勵吟社重整旗鼓，於新港重新催詩。

民國二十九年 庚辰

（西元 1940 年，昭和 15 年），四十歲

作品：〈赤壁月〉七絕三首，〈麗澤小集賦呈諸吟友〉七
　　　律一首，〈寄懷〉七律一首。

民國三十年 辛巳

（西元 1941 年，昭和 16 年），四十一歲

作品：〈次韻龔顯昇鄉勵大會即席賦贈諸君子〉七律一
　　　首，〈三鷗圖〉七律一首，〈拓海〉七絕一首，〈詩
　　　界〉七絕一首，〈賣藥〉七絕一首，〈梅村早春〉
　　　七絕一首，〈裁衣〉七絕三首，〈竹村詞兄榮歸故
　　　里即次留別韻〉七律二首，〈筆談〉五律二首，〈次
　　　洪哲明詞友參加勞務奉公隊臨別有作〉七絕一
　　　首，〈綵衣〉五律一首，〈和張啓君春日感懷原韻〉
　　　七絕一首，〈曝網〉七律一首，〈月姊〉七絕一首，
　　　〈國旗臺〉七絕五首，〈接天寺落成紀念〉七律一
　　　首。

民國三十一年 壬午

（西元 1942 年，昭和 17 年），四十二歲

作品：〈新竹〉七律一首，〈輓辜菽廬先生〉七絕一首，
〈桃城話舊〉七律二首，〈九如圖〉七律一首，〈新
月〉七絕二首，〈增影〉七絕二首，〈松茂〉五律
二首，〈春夢〉七絕二首，〈戀遷〉七絕一首，〈鄉
勵〉詩鐘三組，〈輓社友洪天賜令尊作古〉七絕一
首，〈諸羅覽勝〉七律一首，〈月鏡〉七律二首，〈勤
學〉七絕一首。

民國三十二年　癸未
（西元 1943 年昭和 18 年），四十三歲

生活：在水林庄蕃薯厝教授漢文。

作品：〈祝曾仁岸榮任判任官〉七絕一首。

民國三十三年　甲申
（西元 1944 年昭和 19 年），四十四歲

生活：次男漢民（1926 至 1945 年）遭日本人拘禁，後
移新竹縣關西獄中。

作品：〈友松〉七絕三首，

民國三十四年　乙酉
（西元 1945 年昭和 20 年），四十五歲

生活：次男漢民拷死於日人統治之新竹縣關西獄中，得
年 19 歲。

時事：日本投降，結束五十年對台灣的殖民統治。

作品：〈民國三十四年五月六日亡兒爾民獄中拷死紀念感
賦〉五律二首。

民國三十五年　丙戌（西元 1946 年），四十六歲

生活：應聘北港區署服務，後轉任北港初農教師，教授
國文本國史地。舉家遷居北港鎮。

備考：詩人自撰〈墓誌文〉云：「擔任課程，計有六載」。
　　　據此則 1946 年至 1952 年在學校教書。鄉勵吟社
　　　社址移至口湖鄉「求得軒」書齋。

民國三十六年　丁亥（西元 1947 年），四十七歲

時事：二二八事件爆發。

民國三十八年　己丑（西元 1949 年），四十九歲

生活：元月與林友笛同往嘉義麗澤吟社擊鉢。
　　　母親王氏草逝世。

民國四十年　辛卯（西元 1951 年），五十一歲

生活：轉任北港中學書記。又參加台灣首屆民選鄉長競
　　　選，因病退選。

民國四十一年　壬辰（西元 1952 年），五十二歲

生活：應地方人士邀請回鄉擔任水林鄉公所總幹事。全
　　　家遷居水林鄉。

作品：〈事志齋吟草詩序〉一篇。

備考：詩友洪大川出版《事志齋吟草》，爰爲之序。

民國四十二年　癸巳（西元 1953 年），五十三歲

生活：在新址李西端宅，舉行鄉勵吟社成立二十週年慶。
　　　召集詞友以「擊楫」爲題擊鉢。有龔顯昇、黃秀
　　　峰等十餘人佳賓參加。參選第二屆水林鄉鄉長。

作品：〈西螺大橋〉七律一首，〈蔣總統六秩榮壽〉七律
　　　一首，〈國花〉七絕二首，〈偕張清輝賢契赴高雄
　　　訪許君山詞長即呈〉七律一首，〈春雨〉七絕一首，
　　　〈中埔春望〉七律一首，〈登山杖〉七絕一首，〈黃
　　　花酒〉七絕一首。

備考：張清輝作〈同黃瘦峰夫子赴高雄拜訪許君山先生

賦呈並祈斧正〉七律一首。

民國四十三年　甲午（西元 1954 年），五十四歲

生活：一月就任民選第二屆水林鄉鄉長。7 月四男爾璇
　　　台中師範學校畢業，奉派在水林鄉蔦松國校任教。

作品：〈待中秋〉七律二首，〈比翼鳥〉七絕二首。

備考：〈墓誌文〉云：「歷任鄉長，星霜八年」。

民國四十四年　乙未（西元 1955 年），五十五歲

生活：參加詩友邱水謨長子邱燦堂君的花燭之喜。8 月
　　　領隊返鄉籍補充兵入營專車係大放車，中途發生
　　　重大車禍，受傷，專車以大卡車代用。

作品：〈民防〉七絕一首。

民國四十五年　丙申（西元 1956 年），五十六歲

作品：〈絳帳春風〉七絕一首，〈雙簫聲〉七絕一首。

民國四十六年　丁酉（西元 1957 年），五十七歲

生活：一月就任第三屆水林鄉鄉長。

作品：〈秋寺曉鐘〉七律一首，〈蘆筆〉七絕一首，〈心
　　　花〉七絕四首，〈釀花雨〉七絕一首，〈武巒拾翠〉
　　　七律一首。

備考：林友笛 65 歲自四湖鄉公所退休。

民國四十七年　戊戌（西元 1958 年），五十八歲

生活：五男博儒台南師範畢業，奉派水林鄉中興國校任
　　　教。9 月四男爾璇保送台灣師範大學就讀。

　　　9 月 27 日次女金柚出嫁，與元長鄉林格先生結婚。

民國四十九年　庚子（西元 1960 年），六十歲

生活：六月鄉勵吟社社長曾仁杰別世，邱水謨先生繼任
　　　社長。二任鄉長任滿，兩袖清風，遷回水林鄉蔦

松村故居，並在天保宮、景陽宮設帳教導漢文。

作品：〈村夫子〉七絕一首。

備考：〈墓誌文〉云：「花甲隱退，蓄意躬耕」。

民國五十年　辛丑（西元 1961 年），六十一歲

生活：五男博儒辭教職，就讀世新大學。

　　　2 月 19 日五男博儒與虎尾鎮廖愛玲女士結婚。

民國五十一年　壬寅（西元 1962 年），六十二歲

生活：四男爾璇台灣師範大學畢業，在中央信託局公務
　　　人員保險處服務。五男博儒就讀台中師專。

民國五十二年　癸卯（西元 1963 年），六十三歲

生活：12 月 15 日在北港原址舉行鄉勵吟社成立三十週
　　　年慶，召集詞友以「詩友」為題擊鉢，有趙凌霜、
　　　呂雲騰等十餘人被延為貴賓。

作品：〈詩友〉七絕一首。

民國五十三年　甲辰（西元 1964 年），六十四歲

生活：水林鄉長卸任後增補《草堂詩鈔》以自娛。今傳
　　　世有三門五百餘首詩之多。今年曾謁聖廟，回憶
　　　束髮時拜師習漢文之種種情事。五男博儒師專畢
　　　業，再回故鄉任教。

備考：詩友龔顯昇去世。

西元五十四年　乙巳（西元 1965 年），六十五歲

生活：五男博儒服兵役，第十四期預備軍官。

　　　（1965.7-1966.7）

民國五十五年　丙午（西元 1966 年），六十六歲

備考：詩友洪大川出版《汾南書塾記事珠》雲林縣詩人
　　　聯吟會籌備大會於水林鄉法輪寺成立，洪大川為

臨時會長。

民國五十六年　丁未（西元 1967 年），六十七歲

生活：1 月 8 日四男爾璇與新竹市鄭靜淑女士結婚。

民國五十七年　戊申（西元 1968 年），六十八歲

時事：台灣實施九年國民教育。

生活：參加雲林縣詩人聯吟會戊申秋擊鉢大會。五男博
　　　儒夫婦轉任四湖國中教職，遷居國中教師宿舍，
　　　至 94 年 3 月退休。

作品：〈文字緣〉七絕一首，〈秋日北港大橋遠眺〉七律
　　　一首，〈笨港懷古〉七律一首。

備考：雲林縣詩人聯吟會正式成立，大會於雲林縣政府
　　　禮堂舉行，選出虎尾陳輝玉為理事長。

民國五十八年　己酉（西元 1969 年），六十九歲

生活：參加己酉年全國詩人聯吟大會，台北市民眾團體
　　　活動中心。四男爾璇國立政治學公共行政研究所
　　　畢業，升學同校政治研究所博士班。

備考：口湖鄉求得軒書齋創辦人李西端，即鄉勵吟社顧
　　　問，今年別世仙遊。

民國五十九年　庚戌（西元 1970 年），七十歲

生活：9 月四男爾璇考取教育部日本政府獎學金赴東京
　　　大學留學。

民國六十年　辛亥（西元 1971 年），七十一歲

生活：夫人陳卻世逝世。

民國六十二年　癸丑（西元 1973 年），七十三歲

生活：立言為愛國愛鄉詩人，教導漢文，熱愛鄉土；立
　　　功為水林鄉長，水林御史，清譽卓著。11 月詩人

功德圓滿，乘鶴仙逝。生前曾自撰墓誌文一篇。
四男爾璇結束留學返國，1975 年獲政大政治學博
士，在大學執教，1986 年民進黨秘密建黨小組，
擔任中央黨部秘書長兩屆，1993-2002 年擔任立
法委員。

備考：詩界好友鄉勵吟社第二任社長邱水謨 1984 年別
世，75 歲。

王東燁 1986 年去世，94 歲。

洪大川 1984 年逝世，78 歲。

洪天賜 1977 年去世，65 歲。

林友笛 1984 年逝世，92 歲。

一、《草堂詩鈔》七絕類

1.乞菊　七絕一首一、《草堂詩鈔》七絕類
隱居三徑足清幽，晚節爲花著意求。
倘許主人分一贈，籬邊擬種幾莖秋。
註：凡未註明發表出處者，皆爲手稿，全書準用此例。
　　全書未註明何人註解處，皆爲編者所註。

2.文字緣　七絕一首
詩文之友 29 卷 2 期 1968.12.1
潮翻學海七鯤洋，十載交深翰墨場。
更愛金蘭長訂譜，江山藻繪獻文章。

3.文庫　七絕一首
當時高閣署文淵，子史經書置萬全。
劫火河山經戰後，蟫魚又食聖賢篇。

4.少伯泛湖　七絕二首之一
浮家水上與雲齊，見解不同文種低。
絕好湖光明似鏡，紅顏白首照相栖。

5.少伯泛湖　七絕二首之二
霸越勳名種與齊，急流湧退泛湖西。
一簑一笠煙波裡，贏得金身鑄會稽。

6.月姊　七絕二首之一
詩報 258 號 1941.10.20
了無家室慶團圓，伴守蟾宮妹亦賢。
未許出閨開別宴，端教竊藥快成仙。

7.月姊　七絕二首之二

詩報 258 號 1941.10.20

折桂蟾宮郎占先，出閨呼妹敞離筵。
探房誰肯為妻弟，竊藥當年兔亦仙。

8.友松 七絕二首之一

詩報 315 號 1944.5.9

侶梅伴竹耐霜寒，得地盤根歲月寬。
願爾清高留氣節，頭銜何必署秦官。

9.友松 七絕二首之二

詩報 315 號 1944.5.9

真心不死雪霜寒，老幹參天宇宙寬。
別有寒梅兼翠竹，一庭相對一堂歡。

10.友笛襟兄種菊偶遭馬害作此以慰 七絕三首之一

籬邊點綴燦金黃，放馬庭中誤踐傷。
狼藉花叢三徑冷，歸來處士感淒涼。

11.友笛襟兄種菊偶遭馬害作此以慰 七絕三首之二

滿天風雨近重陽，冷落籬金委地黃。
漫說餐英同屈子，怪他馬口嚼殘香。

12.友笛襟兄種菊偶遭馬害作此以慰 七絕三首之三

處士頭銜本姓林，黃花誰解愛偏深。
梅妻應伴孤山客，莫為寒英淚滿襟。

13.心花 七絕四首之一

詩文之友 7 卷 4 期 1957.7.1
中華詩苑 5 卷 4 期 1957.4

靈臺久已長情苗，苦雨酸風暫順調。
骨是闌干屏是肉，歡場開遍老來嬌。

14.心花 七絕四首之二

詩文之友 7 卷 4 期 1957.7.1
中華詩苑 5 卷 4 期 1957.4

迥殊桃李鬭春橋，開落靈臺不動搖。

一笑拈來空色相，月痕何處擬相邀。

15.心花 七絕四首之三

詩文之友 7 卷 4 期 1957.7.1
中華詩苑 5 卷 4 期 1957.4

靈臺怒放血來潮，久種情根借酒澆。
是處是開還是落，那關風雨夜連朝。

16.心花 七絕四首之四

綻萼何愁風雨夜，含葩卻在喜歡時。
栽從性地隨生色，開自情天愈出奇。

17.心鏡 七絕三首之一

豈為纖塵垢弗清，磨來世事自光明。
能虛可比唐三鑑，不照妍媸照七情。

18.心鏡 七絕三首之二

一片深藏絕點埃，光明正大掛靈臺。
照人自照明肝膽，方寸無私一鑑開。

19.心鏡 七絕三首之三

靈臺皎潔淨無塵，掩映人前照喜嗔。
方寸虛懷明鑑物，窺來色相現情真。

20.天竺牡丹 七絕二首之一

春風法雨西天外，富貴花開自不凡。
誰把群芳推第一，姚黃魏紫佛頭銜。

21.天竺牡丹 七絕二首之二

愛護纖纖玉手芟，花稱富貴佛頭銜。
應知法雨慈雲外，開遍西方總不凡。

22.井底蛙 七絕二首之一

雄聲皷吹興偏饒，聒耳音中鬧徹宵。
舉首焉知天地闊，處身局促漫高跳。

23.井底蛙 七絕二首之二

閣閣聲中雨後朝，處身局促意偏饒。
鳴時莫問官私地，舉首窺天志氣驕。

24.比翼鳥 七絕二首之一

詩文之友 2 卷 3 期 1954.1.15

羽衣潔白本清奇，振羽雙棲玉樹枝。
從此良禽欣有匹，鶼鶼相並樂相隨。

25.比翼鳥 七絕二首之二

詩文之友 2 卷 3 期 1954.1.15

情禽亦解匹相宜，擇木偏棲得意枝。
喜見玉堂雙彩羽，于飛于宿永相隨。

26.水鏡 七絕二首之一

未受研磨頻顧影，任教擊破不留紋。
天顏變色何爲鑑，妍醜憑君一照分。

27.水鏡 七絕二首之二

龍宮蛟室絕塵氛，不掛粧台照細君。
莫是秦銅今已渺，試懸大海測風雲。

28.木蘭從軍 七絕一首

爲替阿爺冒塞塵，女身竟扮作男身。
笑他使伴迷離眼，雙兔雌雄辨莫真。

29.石尤風 七絕一首

獨立江頭望不歸，終身難共鳥雙飛。
香魂一縷隨箕伯，漫捲聲濤作怒威。

30.石麒麟 七絕一首

重教摩頂話前因，英物生來信有因。
奇骨原知天上種，早將頭角露峋嶙。

31.民防 七絕一首

中華詩苑 2 卷 3 期 1955.10.16

家戶加強組織堅，關心鄉土策安全。
願教陣線分前後，防諜防空總動員。

32.白桃花 七絕三首之一

劉郎去後誰為主，洗盡鉛華厭鬪紅。
淡比梅花清比雪，春愁默默不言中。

33.白桃花 七絕三首之二

武陵移種到園中，著意嬌春態不同。
漫道流霞能醉日，淡容亦自笑東風。

34.白桃花 七絕三首之三

杜拾遺堪稱抗手，李供奉亦足齊名。
風騷一代推無敵，博得頭銜配酒兵。

35.失戀 七絕四首之一

席煖公園戀愛地，夢溫客邸自由天。
新歡舊識忘情後，寂寂孤衾夜獨眠。

36.失戀 七絕四首之二

社交男女自由人，戀愛精神已失真。
鴛譜當年知錯點，移花接木悔從身。

37.失戀 七絕四首之三

多情人是薄情人，醋海波翻妒婦津。
孽債釀成千古恨，室家何處共處身。

38.失戀 七絕四首之四

少年爭拜自由神，大抵人情慣喜新。
三角情場知失足，回頭何處覓從身。

39.次友笛韻 七絕一首

愧逐騷壇百戰酣，十年蹤跡滯天南。
論詩我自居人後，刻燭攤箋漏轉三。

40.次洪哲明先生參加勞務奉公隊臨別有作 七絕一首

詩報 245 號 1941.4.2

尊鱸莫爲憶江鄉，報國男兒熱血腸。

謾道棄襦時節好，奉公黽勉復奚妨。

41.米珠 七絕一首

升斗貧難巧婦炊，民生國計苦支持。

諫臣漫道頻箝口，一穀于今統制時。

42.地球 七絕二首之一

五行完傄實堪誇，春夏秋冬運不差。

赤道平分南與北，東西各平任欹斜。

43.地球 七絕二首之二

環繞恆星運不差，包藏萬物盡無涯。

東西南北經和緯，一歲公然一轉斜。

44.冰旗 七絕一首

搖鈴喚賣市城邊，玉屑涼生暑氣捐。

掩映迎人能解渴，臨風斜掛影翩翩。

45.村夫子 七絕一首

詩文之友 12 卷 3 期 1960.4.1

淵源孔孟道傳真，桃李春風雨化頻。

憶自秦灰經劫後，斯文未喪一儒中。

46.防風林 七絕一首

東西列植築隄延，抵制飛廉計萬全。

十載樹民兼樹木，甘棠遺愛共留傳。

47.別筵 七絕一首

詩報 158 號 1937.8.1

祖帳筵開日已昏，燈紅酒綠語溫存。

那堪驛路千條柳，綰盡行人欲斷魂。

黃篆自註：送詹鎮鄉（明濰君）之大陸。

48. **赤壁月** 七絕三首之一

詩報 234 號 1940.10.18

鏖兵百萬憶曹公，此地曾經戰火紅。
不盡團圓秋夜望，興亡照遍古今同。

49. **赤壁月** 七絕三首之二

詩報 234 號 1940.10.18

清遊曾記賦坡公，玉鏡光開興不窮。
無賴興亡圓缺事，橫江白露起秋風。

50. **赤壁月** 七絕三首之三

詩報 234 號 1940.10.18

峭立千峰戰火紅，當年妙策破曹公。
一輪照盡興亡事，無賴團圓此夜同。

51. **盲女** 七絕一首

兩眸長瞽自傷心，姊妹相呼只認音。
不轉秋波空一笑，向郎難表愛情深。

52. **和友漁留別原韻** 七絕五首之一

不盡離群與索居，交情漫把論親疏。
文旌應有重來日，杖履追隨莫棄余。

53. **和友漁留別原韻** 七絕五首之二

騷壇拔幟盡雄才，塵海琴樽喜共陪。
漫道今宵開惜別，逢君知己醉千杯。

54. **和友漁留別原韻** 七絕五首之三

蒼狗浮雲幾費猜，怨深還自結恩來。
知君思欲歸田里，作達人觀且避災。

55. **和友漁留別原韻** 七絕五首之四

宅邊五柳卜幽居，漫把交情離別疏。
堪嘆客中兼送客，十年萍寄總同余。

56.和友漁留別原韻 七絕五首之五

多情紅粉亦憐才，把酒殷勤喜共陪。
從此鳴珂歸去後，幾人共醉菊花杯。

57.和張啓君春日感懷原韻 七絕一首

詩報 243 號 1941.2.2

春雨如膏未放晴，遠看螺黛景中生。
也如作繭蠶絲苦，抵死何堪浪得名。

58.和銘勳寄懷原玉 七絕四首之一

徵逐歡場記買春，蒹葭秋水溯伊人。
那堪別後相思苦，搖落西風感慨頻。
註：張啓即張清輝。

59.和銘勳寄懷原玉 七絕四首之二

雪爪鴻泥感舊蹤，班荊曾記挹儀容。
離情詩與懷歸賦，高聳吟肩並玉峰。

60.和銘勳寄懷原玉 七絕四首之三

割據詩城漫鎮封，盍簪朋舊喜重逢。
春風能踐他年約，翠竹寒梅友古松。

61.和銘勳寄懷原玉 七絕四首之四

有涯強欲究無涯，得失浮生轉瞬時。
漫道愁圍兼苦境，秋風茅屋杜陵詩。

62.長生果 七絕一首

偷桃臣朔遊仙術，食棗安期卻老方。
別有堆盤人介壽，橙紅橘綠合稱觴。

63.長命縷 七絕三首之一

合當仙家九轉丹，牽纏臂上幾回看。
愛他繫足朱繩好，不縐長生縐合歡。

64.長命縷 七絕三首之二

色絲續命太荒唐，人事何能奪彼蒼。
縱有經綸時在手，壽命終讓老彭長。

65. **長命縷** 七絕三首之三

縷稱長命繫端陽，我亦隨人禱健康。
不繡平原繡彭祖，買絲多謝細君忙。

66. **長城** 七絕一首

延袤城垣千萬丈，于今舊跡尚存留。
臨洮築遍遼東地，萬里傷心過客愁。

67. **征衣** 七絕一首

詩報 191 號 1938.12.16

漫分粗麗稱身不，熨貼吳綿舊日裘。
欲寄秋風邊戍遠，針針線跡淚痕留。

68. **明妃出塞** 七絕一首

豈無壯士防胡策，忍使蛾眉赴遠疆。
堪笑漢臣空食祿，安邊不及一王嬙。

69. **拓海** 七絕一首

詩報 245 號 1941.4.2

移高就下要平填，環海堤防比石堅。
鹹水不侵流可灌，裁桑播穀變良田。

70. **花債** 七絕五首之一

男解憐香女愛才，風流孽債累應該。
欺心可惡吊膀子，兩得熊魚色與財。

71. **花債** 七絕五首之二

色券勝操郎與儂，三生連帶是雙方。
利權義務宜相殺，不足還將命抵當。

72. **花債** 七絕五首之三

增我相思今日豆，負伊薄倖去年桃。

不如身化青陵蝶，絮果蘭因算一遭。

73.花債 七絕五首之四
無台可避剩空囊，纍負都因戀色香。
我亦幾重風月賬，三生有約未曾償。

74.花債 七絕五首之五
群芳券不學馮焚，買笑何從借台文。
我更欠卿卿欠蝶，風流逋負合平分。

75.花榜 七絕一首
懸登蓙榜列群芳，露朵霜葩各擅場。
應許寒梅居第一，莫將芍藥作花王。

76.並蒂蓮 七絕一首
水面亭亭笑並肩，二妃朵朵步金蓮。
同心應擬瑤池住，不染淤泥出浴妍。

77.恨人 七絕三首之一
百句歌長有居易，一篇賦麗訒江郎。
中丞司馬貽名久，妙筆千秋寫斷腸。

78.恨人 七絕三首之二
斷腸人為寫相思，到死春蠶作繭時。
懺向空王求慧劍，依然難割一情絲。

79.恨人 七絕三首之三
聽到憑妻烏鵲歌，北山辜負奈張羅。
文通身後青蓮感，千古吞聲飲恨多。

80.肺石 七絕三首之一
人世豈無鼠雀爭，紛紛聽訟判分明。
風清一片精靈石，肯為冤民鑑不平。

81.肺石 七絕三首之二

米芾曾傳下拜呼，訟庭一片建遺模。
奚愁齷齪官場裡，能雪冤民免受辜。

82.肺石 七絕三首之三

化羊妙術憶初平，一片精靈肺石清。
政績十年資吏治，他山端賴錯攻成。

83.春雨 七絕一首

詩文之友 1 卷 6 期 1953.10.1

郊原綠漲水盈溪，萬頃秧田足一犁。
柳自舒青桃綻萼，萬山遙望黑雲低。

84.春耕 七絕一首

詩文之友 1 卷 4 期 1953.8.1

扶犁叱犢趁芳辰，綠漲郊原景色新。
萬頃秧田三七五，原權端合配平均。

85.春寒 七絕一首

養花天氣雨如絲，白袷新衫未合時。
無奈嶒崚吟骨瘦，東風料峭冷侵肌。

86.春夢 七絕一首

詩報 272 號 1942.5.20

鷓鴣聲裡怨東風，化蝶蓬蓬幻影中。
一枕黃梁還未熟，功名富貴總成空。

87.春穫 七絕二首之一

詩報 154 號 1937.6.8

秔稻將登近麥秋，東風三月滿西疇。
鐮聲笠影斜陽外，玉粒金穰慶足收。

88.春穫 七絕二首之二

詩報 154 號 1937.6.8

玉粒金穰遍四疇，黃雲接地慶豐收。
老農擊壤東風裡，笠影鐮聲鬧不休。

89.秋味 七絕二首之一
　　十分秋色幾分甜，風月江山得意探。
　　漫說蓴鱸鄉味好，人到中年別苦甘。

90.秋味 七絕二首之二
　　獨坐江樓酒半酣，秋來佳興此中探。
　　辛酸世味都嘗遍，嚼臘人難辨苦甘。

91.秋柳 七絕一首
　　垂隄拂岸雨瀟瀟，回首金城感寂寥。
　　不盡西風搖落恨，那堪攀折短長條。

92.秋扇 七絕二首之一
　　棄捐時值愛情寒，錯把羅紈製合歡。
　　露冷漢宮班婕恨，炎涼世態劇堪嘆。

93.秋扇 七絕二首之二
　　出入提攜愛素紈，只隨世態炎涼看。
　　而今又值恩情冷，中道棄捐委篋寒。

94.秋燕 七絕二首之一
　　于飛上下賴差池，簾外西風冷不支。
　　十二珠樓辭舊主，故園社日思歸期。

95.秋燕 七絕二首之二
　　趙家姊妹鬬新粧，露冷漢宮感不支。
　　莫戀雕樑兼畫棟，巢堂誰解一身危。

96.秋曉 七絕一首
　　破曉天開曙色明，楓江蓼浦雁歸聲。
　　疏林一角懸殘月，露冷關山旅客程。

97.怒蛙 七絕二首之一
　　閣閣鳴聲意自雄，張頭皆目激昂中。
　　不同井底潛形日，樂死輕生國士風。

98.怒蛙 七絕二首之二

昂頭閣閣碧池中，兩目瞋瞋膽氣雄。
莫怪楚王曾式尔，鼓他戰士策奇功。

99.苦寒 七絕一首

朔風凜冽雪花飛，寒氣侵人鳥鵲稀。
著盡綿裘難耐冷，劇憐閔子尙蘆衣。

100.重陽梅 七絕一首

倚竹玲孊翠袖單，滿城風雨夢初寒。
鐵心數點留天地，休與黃花一例看。

101.紅葉 七絕一首

御溝曾記舊題名，紅遍園林落葉聲。
老酒奚知千樹醉，夕陽繪出甚分明。

102.紅梅 七絕一首

淡容已改舊豐姿，疑是沉酣醉息嬀。
映日流霞加點綴，丹砂綻萼著南枝。

103.述懷 七絕一首

有涯強欲究無涯，得失浮生轉瞬時。
漫道愁圍兼苦境，秋風茅屋杜陵詩。

104.盆蘭 七絕一首

自從九畹托靈根，帶土移栽局小盆。
一例春風同拜歲，不教凡草○三蕃。
註：原稿殘闕。

105.案山子 七絕一首

身價無多尺寸高，不同木偶笑吾曹。
那堪塵世窮靈感，草草勞人更自勞。

106.夏日村居 七絕二首之一

錯落茅籬五六家，頻年生計語桑麻。

瓜棚豆架消長夏，報午雞聲遠市譁。

107.夏日村居 七絕二首之二
當空榴火炎陽驕，綠樹陰穠興趣饒。
漫道蓮花開別墅，消炎遠避市聲囂。

108.夏蟬 七絕二首之一
藉栖翠竹與疏桐，應候嘶吟韻逸揚。
幾日幽懷餐晚露，頻年脫蛻怯秋風。

109.夏蟬 七絕二首之二
枝頭古調和梅雨，葉底清聲送夕陽。
微物臨風猶解唱，餘音寸寸盡宮商。

110.病妓 七絕一首
風流一誤火中蛾，料峭東風病裡過。
憔悴青樓寒粉黛，煙花香國種愁多。

111.病起吟 七絕二首之一
一燈如豆可憐宵，斗室微吟破寂寥。
幾日楊花傷雨後，沈郎瘦削幾分腰。

112.病起吟 七絕二首之二
蕭疏兩鬢疾初安，羸骨難禁料峭寒。
客邸耽吟猶刻苦，累人口腹是豬肝。

113.送別 七絕二首之一
整駕匆匆喚僕夫，離歌一曲向征途。
蕭蕭道上嘶風急，揮手長亭眼淚枯。

114.送別 七絕二首之二
分襟馼路立踟躕，把臂長亭語欲哺。
一曲驪歌催上道，西風疋馬健吟軀。

115.草亭 七絕一首

白茅為蓋竹為椽，四面風清午夢長。
莫笑英雄原草澤，記曾諸葛臥南陽。

116.草韉　七絕一首

離離原上簇青蔥，組織河山未就功。
今日橫舖塵榻上，須防割席管遼東。

117.借酒　七絕一首

半樽未解劉伶渴，一滴難沾阮籍貧。
奚顧言辭窮又拙，提壺謀取隔鄰人。

118.借書　七絕一首

汗牛充棟古今書，莫怪士安癖未除。
聊假數函供閱覽，好將雪案補三餘。

119.麥浪　七絕二首之一

黃雲十里麥翻風，秀起文瀾氣象雄。
不見中流人擊楫，秧針織雨翠浮空。

120.麥浪　七絕二首之二

匝地黃雲四月秋，翻風作浪接平疇。
行來不見漁舟渡，一片波紋秀隴頭。

121.消夏　七絕四首之一

清風半榻試香茶，消盡炎威興轉加。
窗扇門扉開四面，焚香靜坐讀南華。

122.消夏　七絕四首之二

趨炎人世熱莎雞，懶惰無心問夏畦。
四面湖山消受慣，隔窗閒聽水禽啼。

123.消夏　七絕四首之三

調冰雪藕炎威減，沉李浮瓜暑氣消。
熱不因人祇自慰，閒吟一室靜無囂。

124.消夏 七絕四首之四
得佳山水足清幽，不管人間暑氣浮。
永晝消閒棋一局，箇中雅趣自悠悠。

125.消寒 七絕一首
霜花連夜襲幽齋，獸炭頻添冷入懷。
不管漫天風雪緊，一樽濁酒兩佳娃。

126.祝曾仁岸先生榮任判任官 七絕一首
詩報 290 號 1943.2.21
不拘小局笑區區，得任官銜拍手呼。
郵政方今圖發達，機關通信執中樞。

127.梅村早春 七絕一首
詩報 244 號 1941.3.21
水邊籬落冷孤芳，偷眼霜禽蝶未忙。
別有名莊承偉業，頭銜端合署長光。

128.梅妻 七絕一首
雲霧為屏雪作闈，催粧索笑共幽栖。
夕陽鶴子歸來後，添得天倫樂事齊。

129.從良妓 七絕二首之一
一洗煙花氣習空，果然爨下出焦桐。
匹卿自有佳夫婿，不是蘄王便衛公。

130.從良妓 七絕二首之二
苦海寧甘久墜淪，亭亭蓮現火中身。
相攸不為風流誤，畢竟青樓有解人。

131.雪花 七絕一首
霏霏萬點滿空濛，繽紛如梅落地中。
最是江南多好景，應堪先兆十年豐。

132.國花 七絕四首之一

臺灣詩選 234 頁 1953.10.10

芳情獨占舊園林，雪後精神印象深。
更愛花含民族性，逋仙詩句逸仙心。

133.**國花** 七絕四首之二

臺灣詩選 234 頁 1953.10.10
《金湖春秋》1978.7

天寒無奈雪霜侵，劫後孤芳閱歷深。
今日鄭王祠畔過，一枝長燦國民心。
註：《金湖春秋》作詩題為：梅花。

134.**國花** 七絕四首之三

冰肌玉骨晚寒侵，雪滿孤山月滿林。
別有芳情存氣節，八年抗戰國民心。

135.**國花** 七絕四首之四

小陽春訊到園林，獨占芳情蘊藉深。
兆振家邦符雪瓣，展開民族共和心。

136.**國旗臺** 七絕五首之一

詩報 255 號 1941.9.6

威揚我武奉為尊，百尺竿頭旭幟翻。
肯把黃金高築處，邦家邁鎮壯乾坤。

137.**國旗臺** 七絕五首之二

詩報 255 號 1941.9.6

未許呼鷹戲馬奔，巍然位置兆民尊。
雄威座鎮江山麗，旭日旗翻武士魂。
註：國旗指日本國旗。

138.**國旗臺** 七絕五首之三

詩報 255 號 1941.9.6

扶桑朝旭啟天閽，國運興隆武運存。
築處漫教延郭隗，竿頭高揭日章旛。

139.**國旗臺** 七絕五首之四

詩報 255 號 1941.9.6

金莖露湑感承恩，經始民歡拜帝闇。
別有居然高位置，竿頭輝映日章旛。

140.國旗臺 七絕五首之五

詩報 255 號 1941.9.6

曉日江天樹旭旛，八紘雄鎮市町村。
肯將銅雀傳詞賦，一例皇基鞏固存。

141.問梅 七絕一首

消息傳聞驛使來，江南芳訊報初開。
寒花數點留天地，是否當年處士栽。

142.鳥聲 七絕一首

巧囀黃麗底葉聲，隨風吹送甚分明。
喈喈應是思求侶，客邸人聞倍愴情。

143.眼鏡 七絕三首之一

巧制玻瓈與水晶，生光護眼十分清。
漫誇西楚重瞳貴，不許離婁獨擅明。

144.眼鏡 七絕三首之二

心鏡高懸眼鏡清，平分秋水十分明。
制時合度人工巧，價別玻瓈與水晶。

145.眼鏡 七絕三首之三

銀海精微映水晶，秋波轉處覺澄清。
人工巧藉生光力，日月雙懸遠近明。

146.屠蘇酒 七絕一首

酒債尋常無處無，買春況復買屠蘇。
年去年來都休問，終日昏昏醉一壺。

147.登山杖 七絕一首

詩文之友 2 卷 1 期 1953.11.15

振衣千仞更扶筇，天步艱難上玉峰。
最愛蒼籐生九節，風雲足底起潛龍。

148.**琴心** 七絕三首之一

寄託衷懷幾度秋，手揮目送自名流。
冰絃久罷薰風奏，解慍誰存百姓憂。

149.**琴心** 七絕三首之二

挑撥春閨萬斛愁，離鸞清奏寓溫柔。
西廂夜月臨邛宴，心事冰絃代唱酬。

150.**琴心** 七絕三首之三

湘妃月下動悲愁，司馬絃中作蹇修。
彈罷夜深倍惆悵，叢蘭露濕月當頭。

151.**壺公** 七絕一首

乃翁骨相太支離，賣藥街頭不賣癡。
身外乾坤無局促，懸壺堪作古良醫。

152.**報午機** 七絕二首之一

不是雞人報曉來，不如魚漏夜深催。
午餐煩尔鳴聲急，臣朔肌腸忍幾回。

153.**報午機** 七絕二首之二

上方鐘鼓曉昏催，日到天中響似雷。
甚欲呼君爲典午，共他雞幀報時來。

154.**裁衣** 七絕三首之一

詩報 258 號 1941.10.20
嘉義麗澤吟社擊鉢

纖纖十指冷森森，刀尺聲中到夜深。
應合身裁寬窄別，西風憔悴瘦難禁。

155.**裁衣** 七絕三首之二

詩報 258 號 1941.10.20

嘉義麗澤吟社擊缽

剪刀聲裡雜秋砧，寬窄思量感不禁。
知否君腰消瘦甚，西風邊戍雪寒侵。

156.裁衣 七絕三首之三

詩報 258 號 1941.10.20
嘉義麗澤吟社擊缽

別有思量寬窄心，身材那怕雪寒侵。
于今洋式翻新樣，粗麗無關著意深。

157.寒衣 七絕二首之一

詩報 73 號 1934.1.1
鄉勵咖社發會式擊缽吟

漫分粗麗入時難，應合身裁別窄寬。
刀尺夜深催處急，纖纖玉指覺生寒。
註：催處急，一作忙婦女。

158.寒衣 七絕二首之二

詩報 73 號 1934.1.1
鄉勵咖社發會式擊缽吟

瘦削腰圍不要寬，聲聲刀尺覺生寒。
裁成兩套分粗麗，戍遠秋風欲寄難。

159.畫竹 七絕一首
墨跡淋漓翠欲浮，幾竿瀟灑自風流。
板橋妙筆堪稱絕，不讓當年仇十洲。

160.畫像 七絕二首之一
魁梧形相墨痕新，妙筆千秋寫入神。
別有凌煙圖一幅，管他功狗與功臣。
註：別有，一作好似。

161.畫像 七絕二首之二
廬山面目見全真，筆下輕描妙入神。
漫道形容能迫肖，明妃千古是前身。

162. **畫龍　禁點睛典故** 七絕一首

潑墨毫端筆氣凌，神靈活躍九霄升。
配乾有象形頭角，潛隱南陽記昔曾。

163. **菊花杯** 七絕一首

《瀛海吟草第二集》1953 年

猶存晚節綴東籬，醞釀芬芳晉一巵。
更愛蔣公長健在，稱觴端合介眉詩。
註：鯤南七縣市聯吟大會擊鉢錄，為恭祝蔣總統六十晉六華誕。

164. **菊夢** 七絕一首

眠霜宿露好丰裁，麗眼籬邊倒影來。
應有碩人同寤寐，白衣送酒醉中陪。

165. **黃花酒** 七絕一首

詩文之友 2 卷 1 期 1953.11.15

萬壽非同竹葉青，西風醞釀菊為醽。
陶情略解淵明意，豪飲須防亂性靈。

166. **絳帳春風** 七絕一首

詩文之友 5 卷 3 期 1956.4.1

千古師恩傳鹿洞，一家儒學闢鱣堂。
于今文教昌明日，化雨春風絳帳張。

167. **筆鋒** 七絕二首之一

尖銳如錐迥出群，縱橫一掃藐千軍。
處囊毛穎雖能脫，恐被中書笑不文。

168. **筆鋒** 七絕二首之二

藐他武庫珍藏甲，助我文章巧運斤。
忍凍須防尖盡退，未能紙背透三分。

169. **補齒** 七絕一首

羞啓櫻桃力不支，憑君妙手作之而。
補來看向鏡中笑，真個瓠犀一樣宜。

170.鄉勵盟鷗圖 七絕一首
歲月忘機伴釣徒，相親相近水雲區。
傳神願藉生花筆，點綴煙波入畫圖。

171.無題 七絕一首
漫說人間有鄧林，十年來總淡名心。
折磨已試三燒玉，黽勉空勞百煉金。

172.新月 七絕二首之一

詩報 263 號 1942.1.1
鄉勵吟社課題

一鉤斜照玉關情，隱約微光兔影生。
更愛奩開纔露鏡，半彎新樣畫眉清。

173.新月 七絕二首之二

詩報 263 號 1942.1.1
鄉勵吟社課題

半輪高掛夜初更，態未團圓鏡未成。
疑是樂昌分取去，閨中人見動離情。

174.新秋旅次和名賢君瑤韻 七絕一首
西風一夜到簾攏，階砌蛩吟月正中。
金井梧桐初落葉，鄉書擬待寄賓鴻。

175.新荷 七絕一首
珠盤未展難擎雨，翠蓋初張覆浴鳧。
試問青錢鋪萬選，可教君子濟貧無。

176.新婚燭 七絕二首之一

詩報 83 號 1934.6.15

疏簾隙處見新粧，畫燭雙輝燦洞房。
一對有心齊放夜，溫柔鄉裡照紅光。

177.新婚燭 七絕二首之二

詩報 83 號 1934.6.15

寶炬雙輝照畫堂，盈門喜氣有餘光。
煙凝寶鴨垂香臘，疑是流酥混酪漿。

178.新粧詞 七絕一首

桃夭春色襯粧時，乞向張郎筆一枝。
曉對菱花描柳葉，水晶簾外有人窺。

179.詩友 七絕一首

詩文之友 19 卷 6 期 1964.4.1
中華藝苑 19 卷 1 期 1964.1
鄉勵吟社創立三十週年紀念聯吟大會

交情深淺莫相稽，賦性耽吟合試題。
更愛香山圖九老，騷壇高築五雲齊。

180.詩味 七絕四首之一

敦厚溫柔藻思甘，風騷餘味老還耽。
迴廊十二纔吟遍，月下花前得意探。

181.詩味 七絕四首之二

辛苦嘗來十四鹽，吟壇興味老還甜。
詩奴亦解分濃淡，詞藻清芬意更添。

182.詩味 七絕四首之三

錦繡詞章錦繡腸，江山景色盡包藏。
灞橋驢背尋詩料，風雪漫天興欲狂。

183.詩味 七絕四首之四

撚斷莖鬚仔細哦，年來不減老風騷。
酒兵詩將頻鏖戰，興味淋漓得意高。

184.詩界 七絕一首

詩報 249 號 1941.6.4

建安七子擅才名，代謝風騷幾變更。
漫道吟壇分畛域，興觀群怨此中生。
註：手稿一作詩題為：詩境。

檀才，手稿一作擅才。

185.**詩將** 七絕一首
筆陣縱橫勢莫推，建安七子尚粗才。
何人海內稱詩伯，抗手來登上將台。

186.**詩幟** 七絕二首之一
牛耳騷壇一幟翻，東南霸氣尚留存。
指揮餘子歸盟主，舒卷詞林萬古尊。

187.**詩幟** 七絕二首之二
鳳字龍文刺繡繁，鮮明五彩壯吟魂。
不因風氣隨傾向，高掛騷壇上下翻。

188.**詩醫** 七絕二首之一
不醫愁亦不醫貧，慣治人間無病呻。
詩界年來疲弊甚，砭鍼痛下莫因循。

189.**詩醫** 七絕二首之二
鶴膝蜂腰幾病因，那堪文弱少精神。
騷壇尚借鍼砭力，補救斯文一例春。

190.**詩囊** 七絕五首之一
收來心血化珠璣，錐處箇中與世違。
羞並飯囊同器重，儘教滿貯不療飢。

191.**詩囊** 七絕五首之二
江山吟料總清新，滿貯珠璣句有神。
好似珊瑚收網底，依然難濟阮孚貧。

192.**詩囊** 七絕五首之三
奚奴擷取喚呼頻，蜀錦輕紗製得新。
漫道箇中能脫穎，好收佳句似藏珍。

193.**詩囊** 七絕五首之四

奚奴紉佩伴吟身，錐處箇中妙有神。
漫笑阮郎羞澀裡，珠璣滿貯不療貧。

194. 詩囊 七絕五首之五

不貯金錢不貯糧，漢唐佳句盡包藏。
李生去後誰人佩，遺落騷壇共索忙。

195. 歲月書懷 七絕一首

鼕鼕臘鼓朔風嚴，日月催人白髮添。
不盡天涯淪落感，寒酸儒氣客愁兼。

196. 愛河 七絕一首

鵲橋曾駕趁秋風，恨海看來又不同。
憶自問津人去後，一條情水遠連空。

197. 落花 七絕二首之一

綠窗人靜落殘紅，飛盡春郊錦幾重。
黃鳥解人憐惜意，卻將婉語罵東風。

198. 落花 七絕二首之二

芳心慣受蝶蜂猜，春盡魂歸召不回。
紅紫紛紛頻著地，小園處處積香堆。

199. 賊兒 七絕一首

由來盜癖信遺傳，鼠輩跳梁性不遷。
莫許權臣行竊國，竊鉤罪應斷無偏。

200. 農家嘆 七絕四首之一

詩報 87 號 1934.8.15
北港鄉勵吟社課題

耕雨鋤雲力已窮，一家生計望年豐。
鳴鑼應是催租急，雞犬驚聞此日中。

201. 農家嘆 七絕四首之二

詩報 87 號 1934.8.15
北港鄉勵吟社課題

一犁春雨急忙中，手足勤勞自不窮。
怪底良田寬百畝，更無父老說豳風。

202.**農家嘆** 七絕四首之三

詩報 87 號 1934.8.15
北港鄉勵吟社課題

漫云盛世慶年豐，穀賤而今到處同。
雞犬桑麻生計苦，催人課稅急忙中。

203.**農家嘆** 七絕四首之四

詩報 87 號 1934.8.15
北港鄉勵吟社課題

農業家邦建首功，生涯辛苦總相同。
逢頭莫問年豐歉，米穀于今統制中。

204.**催詩雨** 七絕一首

攤箋刻燭寫牢騷，簾外鳩聲入耳嘈。
一字推敲思未妥，淋漓淅瀝潤揮毫。

205.**塔影** 七絕二首之一

詩報 270 號 1942.4.20

雷峰矗簪日西斜，掩映空門一片遮。
漫道桑榆留暮景，天教餘蔭到僧家。

206.**塔影** 七絕二首之二

詩報 270 號 1942.4.20

曾藏舍利宿歸鴉，一片糊模夕照遮。
祇恐陰霾難覓跡，了無餘蔭到袈裟。

207.**路燈** 七絕一首

街衢傍立耀行程，沸地笙歌夜氣清。
漫道陰光能普照，人間朗徹十分明。

208.**榴火** 七絕四首之一

爐峰三月報初開，點點丹砂綻蕚胎。

卯酒不知花欲醉，霞光染向日邊來。

209.**榴火** 七絕四首之二
萬樹夭桃莫比緋，花開偏助祝融威。
蒼生盡有燃眉急，驀覷丹鬣魂欲飛。

210.**榴火** 七絕四首之三
榴花朵朵欲燒空，陣陣薰風拂更紅。
不解連環當日恨，凝丹兩岸夕陽中。

211.**榴火** 七絕四首之四
紫萼丹鬣照眼明，紅裙妒殺不勝情。
園開金谷斜陽裡，彷彿如燒赤壁兵。

212.**舞衣** 七絕三首之一
袖引香風動錦幃，歌場奪目耀珠璣。
采蘋去後圓圓老，時感流鴻燕子飛。

213.**舞衣** 七絕三首之二
漢殿霞披飛燕瘦，南宮雲想玉環肥。
誰知妙技誇長袖，都費天孫織女機。

214.**舞衣** 七絕三首之三
環燕披身稱瘦肥，笙歌隊裡弄春暉。
樽前忽訝寬如許，始覺蠻腰減舊圍。

215.**種竹** 七絕一首
辛勤插棘復編籬，栽遍淇園力不疲。
他日千竿明个字，半窗篩影見離離。

216.**漁村** 七絕一首
無數漁郎永結鄰，草廬相傍最相親。
莫嫌僻處鄉閭俗，中有賢人釣水濱。

217.**漁歌** 七絕二首之一

　　一竿一笠雨瀟瀟，萬里煙波掉短橈。
　　互把口琴歌水調，歸舟晚唱海門潮。

218.漁歌 七絕二首之二

　　歸帆落日晚來潮，唱徹秋江掉短橈。
　　萬里煙波名釣客，滄浪濯足水迢迢。

219.輓社友洪天賜令尊作古 七絕一首

報 274 號 1942.6.21

　　名重枌榆齒德尊，治家有則學根源。
　　那堪凶耗傳來後，慘淡愁雲蔽日昏。

220.輓辜菽廬先生 七絕一首

報 275 號 1942.7.10

　　光沉寶斝暗中天，鱷耗驚聞涕淚漣。
　　一瓣心香聊拜奠，春風二月亂啼鵑。

221.旗亭話別 七絕三首之一

　　酒杯詩卷盡風流，鬥句旗亭互唱酬。
　　幾朵名花頻勸飲，筵離數處不勝秋。
　　黃篆自註：送別友漁擊鉢吟。

222.旗亭話別 七絕三首之二

　　離情別恨兩悠悠，畫壁旗亭得句遒。
　　祖帳筵開憐此夜，驪歌唱徹岱江秋。
　　黃篆自註：送別友漁擊鉢吟。

223.旗亭話別 七絕三首之三

　　攜酒旗亭話別愁，故園歸去路悠悠。
　　崩山風月多吟料，好把奚囊次第收。
　　黃篆自註：送別友漁擊鉢吟。

224.聞笛 七絕一首

　　梅花落奏韻參差，按譜聽來動遠思。
　　我愧倚樓無妙句，長沙遷客和新詩。

225.撮合山 七絕一首

詩報 76 號 1934.3.1
邱水謨氏陳雪花女士新婚擊鉢吟

一南一北兩峰離，多謝虔修說合之。
從此盟心同款洽，千秋擁翠慶齊眉。

226.撮影 七絕一首

弱強光線配平均，鼎足撐持攝取頻。
局促乾坤餘一幕，蒙頭又見倒懸身。

227.魯仲連 七絕一首

布衣自隱得相安，排難解紛豈力殫。
笑彼三千珠履客，偷閒無策解邯鄲。

228.醋矸 七絕一首

一罈醞釀味酸冷，妬婦嘗來醉未醒。
誰解蓄情兼蓄恨，顧郎莫負眼垂青。

229.醉春 七絕一首

往事屠蘇酒已空，今來何忍負東風。
人生值此沉沉日，寧脫三閭醒眼中。

230.賞菊 七絕一首

開樽坐對黃金友，酌酒花前笑舉觴。
燦燦秋英侵夜冷，折來製枕夢魂香。

231.諸葛釜 七絕三首之一

莫作項王破釜嗤，摩挱細認武侯遺。
隆中土銼軍中菜，不負鹽梅佐鼎時。

232.諸葛釜 七絕三首之二

錡釜形殊巧錯時，不同刁斗擊兼炊。
先生具有調羹手，一局偏安鼎足支。

233.諸葛釜 七絕三首之三

此釜曾隨六出師，那堪破碎繫安危。
漫將漢鼎分輕重，八陣圖開一局持。

234.蝶夢 七絕二首之一
魂入花欉薰氣多，千紅萬紫夢中過。
每因好處鶯啼破，徒使莊生喚奈何。
註：何，一作誰。

235.蝶夢 七絕二首之二
漆園艷事屬愁何，一枕春風入夢多。
紅日半墻人未醒，翩翩猶自停輕羅。

236.賣藥 七絕一首

詩報 249 號 1941.6.4

良劑應世妙回春，草木調成君與臣。
市上懸壺生計好，可能醫病可醫貧。

237.獨立山 七絕一首

詩報 151 號 1937.4.20

螺旋曲轉勢孤危，鐵軌穿山石徑欺。
遠對玉峰青一髮，平分翠黛掃雙眉。

238.錦字 七絕一首
學書早拜衛夫人，不獨迴文擅一時。
老我詩心抽乙乙，零紅碎綠合題詞。

239.曉風 七絕二首之一
嫋嫋東風曙色天，一襟涼味畫樓前。
撲人香氣花前度，吹送鐘聲入耳傳。

240.曉風 七絕二首之二
淡月疏星破曉天，襲人涼氣到釋前。
巖光曙色東風急，弄影花枝鳥語宣。

241.錢神 七絕二首之一

唐庫曾經化蝶身，人爭九叩拜爲神。
聲名漫把嗤銅臭，魔力如君可逐貧。

242.**錢神** 七絕二首之二

萬貫纏腰可護身，堪誇白水號真人。
魯褒論與楊雄賦，並採新詩寫入神。

243.**學海** 七絕一首

蘇流韓派古今傳，萬頃思潮勢接天。
世代滄桑頻歷劫，不知何日變書田。

244.**儒峰頹** 七絕三首之一

嘆鳳嗟麟恨不窮，頹然泰岱廢存崇。
那堪傾圮如今日，無賴斯文毀墜中。

黃篆自註：日官憲嚴禁漢文私塾，且台籍日係教員爲虎作倀，更
　　　　　加厲害故云。

245.**儒峰頹** 七絕三首之二

頹然五老廢崔巍，一例文章墜劫灰。
漫道祖龍傾盡日，泰山壓卵勢同摧。

246.**儒峰頹** 七絕三首之三

一山簪起嶂巒分，泰斗名高久已聞。
仰止何堪傾倒日，式微尚有感斯文。

247.**懋遷** 七絕二首之一

詩報 268 號 1937.3.18
臺南集芸吟社第一期徵詩
祝柳村憲學氏開業今井商會

市廛匝地日繁昌，樞軸當中貿易場。
貨殖人堪推傑出，鴟夷千古姓名揚。

248.**懋遷** 七絕二首之二

日常物品別和洋，實用供人雜貨商。
壟斷漫誇收市利，持籌握算繼勞昌。

249.**雜詠** 七絕四首之一
隴頭播穀叫聲聲，春雨如膏未放晴。
客次別無消遣法，閒尋野老話農耕。

250.**雜詠** 七絕四首之二
芭蕉滴瀝徹宵鳴，斗室淒迷對短檠。
小隱壺中空老大，更無絕技濟蒼生。

251.**雜詠** 七絕四首之三
苦吟終未絕痴情，豈為耽詩誤一生。
怨綠愁紅煙雨冷，淒涼客邸過清明。

252.**雜詠** 七絕四首之四
絕無癡夢到封侯，眼底榮枯感不休。
白首倘能償素願，名山靜處築詩樓。

253.**舊燕** 七絕一首
度柳穿花記昔年，歸來時值百花天。
玉京去後誰人識，紅縷情絲暗繫牽。

254.**雙簫聲** 七絕一首

石社鄉勵聯合擊鉢吟會
水謨社友令郎燦堂君花燭之喜
中華詩苑 2 卷 6 期 1956.1.16

迥殊笙管韻悠揚，和樂成雙譜鳳凰。
更愛秦樓明月下，乾坤鼓吹調陰陽。

255.**雛鶯** 七絕一首
花間學囀喉猶澀，柳外喚春聲未嘉。
寄語金衣豐滿後，莫貪香稻入豪家。

256.**蠅** 七絕一首
腐物微蛆尒化生，穢傳子母盡污名。
集瓜止棘頻來去，日夜營營掃不清。

257.**鏡中花影** 七絕三首之一
仙姿曾記住瑤台，嬌向菱花帶笑開。
色相婆娑身外影，香魂何處覓歸來。

258.**鏡中花影** 七絕三首之二
亭亭倩女是前身，泡影婆娑說果因。
漫把姿容頻顧盼，菱花色相笑非真。

259.**鏡中花影** 七絕三首之三
菱花笑現美人身，色相婆娑絕點塵。
泡影終歸何處是，香魂銷盡可憐春。

260.**攀桂** 七絕一首
蒞同金粟古香浮，月地培根綻九秋。
我欲凌雲蟾窟裡，一枝高占狀元籌。

261.**曝網** 七絕一首
詩報 242 號 1941.2.18
爲眾爲罟老漁翁，綱紀更張氣象雄。
晴曬乾坤餘一角，披竿好趁炎陽紅。
註：更張，手稿一作撐張。

262.**蘆筆** 七絕一首
詩文之友 6 卷 6 期 1957.2.1
迥殊春草綠萋萋，略與兔毫價比齊。
一管揮時尖銳化，生花有待後留題。

263.**簪菊** 七絕二首之一
扶筇攜酒約相邀，細折黃英意氣饒。
更愛此花開最後，一莖香插滿頭嬌。

264.**簪菊** 七絕二首之二
滿城風雨菊花朝，對酒餐英不寂寥。
燦燦東籬開晚節，插來頭上助生嬌。

265.勸學 七絕一首

詩報 265 號 1942.2.6

斷機孟母教三遷，勗勉螢窗繼十年。
願爾窺園師董子，烹經煮史一心堅。

266.護花鈴 七絕二首之一

亞欄干外花旛下，徹夜迎風逸響清。
驚醒玉人春起早，惜花心緒最關情。

267.護花鈴 七絕二首之二

隨風送響入華清，鎮日常聞百鳥驚。
彩索玎璫鈴萬箇，替花請命惜花情。

268.鑄秦檜 七絕二首之一

不同范蠡寫黃金，鐵鑄形容蠹國心。
豈爲奸臣存肖像，岳王祠畔雪霜侵。

269.鑄秦檜 七絕二首之二

翁仲無言置與儔，岳王墓上草深秋。
青山有骨長埋恨，梗鐵何辜打不休。

270.釀花雨 七絕一首

詩文之友 7 卷 4 期 1957.7.1
中華詩苑 5 卷 6 期 1957.6

養花天氣雨絲絲，春染桃唇柳展眉。
更愛春鳩齊喚起，群芳含笑應知時。

二、《草堂詩鈔》七律類

1.九如圖 七律二首之一、《草堂詩鈔》七律類

詩報 260 號 1942.2.20
寶桑吟社徵詩

妙筆丹青繪九如，高懸一幅景清虛。

乾坤分判洪元後，日月包藏太極初。

海屋添籌開壽域，瑤池賜宴列仙輿。

黃花點綴東臺麗，五福盈門慶有餘。

2.九如圖 七律二首之二

龍馬精神夒鑠翁，梅花骨格玉玲瓏。

光爭日月形容外，壽並岡陵點綴中。

五老峰高星拱北，三仙島列水朝東。

更添一幅倪迂畫，描寫乾坤氣象雄。

3.三鷗圖 七律二首之一

詩報 255 號 1942.9.6
高雄〈瀨南吟社〉徵詩

浮藻流萍點綴新，隨潮出沒去來頻。

霜翎掠浪窮形相，雪羽眠沙合寫真。

夢穩水雲時接近，盟尋煙渚日相親。

更添一幅倪迂畫，活潑天機繪入神。

　註：去來頻，手稿一作往來頻。

　　霜翎，手稿一作霜翎，是也。

4.三鷗圖 七律二首之二

　　水雲鄉裏繪分明，一二成群雪羽輕。
　　漁父眠時尋結伴，海翁狎處自呼名。
　　忘機歲月身仍健，寄跡江湖夢亦清。
　　更愛流萍加點綴，詩情畫意此中生。

5.太平山秋望 七律二首之一

　　太平山色暮煙侵，佳氣鍾靈自古今。
　　大霸山頭含落日，松羅溪畔起秋砧。
　　蕭蕭紅葉千峰瘦，幕幕寒雲萬壑陰。
　　極目蒼茫天際裡，飛鴉點點過霜林。

6.太平山秋望 七律二首之二

　　平山風景畫圖中，北近棲蘭氣象雄。
　　映日流霞千樹醉，經霜老檜萬株紅。
　　寒生澗底疑無地，瘦削峰頭倒插空。
　　絕頂高呼頻俯仰，蒼茫極目海之東。

7.心花 七律五首之一

　　自從寸地長情苗，苦雨霜風漸順調。
　　未忍摧殘拋慾海，更教灌溉引思潮。
　　歡場每覺花爭放，愁日誰知葉盡凋。
　　菩薩拈時禪已悟，輕狂蜂蝶莫相撩。

8.心花 七律五首之二

　　七竅奇花未曾觀，肉屏風蔽骨闌干。
　　生來粘膽根應綠，香不襲人色定丹。
　　豈特算成胸有竹，更誇吹出氣如蘭。

有諸內必形諸外，孰謂榮枯一望難。

9.心花　七律五首之四

心田受潤絕塵埃，樹種菩提第幾回。
漫把思潮長灌漑，更依學派力栽培。
情根覺自陶情處，意蕊欣然得意開。
恍惚辮香留一炷，吉祥雲靄護靈台。

10.心花　七律五首之四

靈台意蕊放玲瓏，深護懸旌寸萼紅。
不怕狂蜂和浪蝶，只愁醋雨與酸風。
栽培端藉精神力，灌漑全憑熱血功。
比到鏡中呈色相，拈來一笑悟空空。

11.心花　七律五首之五

六塵共轉且休嫌，舒展能偕喜色添。
嘔卻和肝殊李賀，生應夢筆似江淹。
思通信有靈犀異，怒放寧無意馬兼。
最是動人情竅處，催來羯皷隔重簾。

12.弔屈原　七律一首

詩文之友

忠靈千古痛沉冤，拜向三閭酹酒樽。
湘水情添家國淚，楚江夢斷亂離魂。
薜蘿山鬼從何妒，蘭芷美人感是恩。
更愛騷風長振起，長留正氣壯乾坤。

13.中秋賞月　七律一首

萬里無雲一色秋，庭園此夕結群遊。

清光愛汝開明鏡，皎潔照人到白頭。

露冷袁宏同泛渚，月明庾亮共登樓。

今霄應盡團圓望，漫管升況繫別愁。

14.**中洲觀釣** 七律一首

一竿煙雨老嚴光，遯跡江干興更長。

把釣漫牽生活線，垂綸不引利名繮。

蘆花風軟中洲月，海藻浪翻小港魴。

滿眼波濤千萬頃，片帆斜掛暮雲張。

黃篆自註：在高雄縣旗後海岸線邊，是一片的漁村。在旗後海
岸線邊的小港產有名魴魚故云。

15.**中埔春望** 七律一首

詩文之友 1 卷 6 期 1953.10.1

瞻仰高峰氣象雄，九天鳴鳳振文風。

龍門草長盈階綠，社口花明照眼紅。

樹影斜連山嶂外，鐘聲遙隔雨煙中。

放寬眼界鍾靈地，民雄興隆兆反攻。

16.**介壽** 七律二首之一

中央徵詩

繼承革命緒千端，建國深知責未完。

豈為貪功圖北伐，顧全大局入西安。

忍猶可忍容中共，防不勝防是漢奸。

今日太平開壽宴，蟠桃盤薦兆民歡。

17.**介壽** 七律二首之二

中央徵詩

餘光分照到東寧，羅列文星耀將星。

曲奏霓裳開玉宇，盤堆仙果宴椿庭。

名揚歐亞傳經國，壽並乾坤配美齡。

更愛持籌添海屋，還新民政日盤銘。

18. 月鏡　七律七首之一

詩報 27 號 1932.1.1
369 小報 1932.2.3
瀛海詩集 347 頁 1940.12.30
詩報 264 號 1942.1.20
臺南張耀宗新婚徵詩發表篆註蔡碧吟徵詩

玉匣光開絕點塵，嫦娥皓魄是前身。

江山萬里窮形相，花木千秋為寫真。

對面漫云圓缺事，當頭曾照古今人。

鑑來不盡滄桑感，皎潔冰壺現一輪。

註：絕點塵，一作不染塵。
　　窮形相，一作都留影。
　　漫云，一作漫言。
　　曾照，一作空照。
　　不盡，一作無限。
　　滄桑感，一作滄桑恨。

19. 月鏡　七律七首之二

詩報 264 號 1942.1.20
臺南張耀宗新婚徵詩發表

一輪光滿海門東，家屋團圓意略同。

明不蒙塵懸兔窟，虛能鑑物掛蟾宮。

九州都在形容裡，萬象全歸映寫中。

顧影成雙鸞鳳侶，粧臺分照玉玲瓏。

註：家屋，手稿一作家室。

20.月鏡 七律七首之三

光開寶鑑玉玲瓏，萬里清輝大海東。
對面漫懸粧閣裡，當頭猶掛碧天中。
照人皎潔情無缺，愛汝團圓意不窮。
映寫分明雙肖影，一枝攀折入蟾宮。

21.月鏡 七律七首之四

良緣藻鑑兩心投，折桂蟾宮得意秋。
圓缺事多欣覯面，古今人遍照當頭。
催粧光借冰輪滿，作伐情添月斧修。
如此乾坤明朗化，瓊樓映寫鳳鸞儔。
註：折桂，一作桂析。
　　月斧修，一作玉斧修。

22.月鏡 七律七首之五

菱花出匣映乾坤，鑑盡滄桑萬古存。
看汝升沉空有恨，照人圓缺應無言。
鏡開粧閣秋光滿，雲鎖蟾宮夜色昏。
弗用磨礱兼拂拭，捲簾時見當高軒。

23.月鏡 七律七首之六

光開玉匣夜玲瓏，形比青銅質不同。
對面不懸粧閣裡，當頭猶掛碧天中。
磨礱未過世人手，砥礪曾經造化工。
奚怕樂昌分破後，只愁雲雨蔽昏蒙。

24.月鏡 七律七首之七

天開寶匣鏡高懸，壽並乾坤質體堅。
照遍山河明景色，窺來花木鑑清妍。

玉臺暗處迷雲雨，粧閣昏時鎖霧煙。
不用人磨頻拂拭，破時復有見重圓。

25.市居初夏 七律二首之一

薰風吹送賣冰聲，小隱城南倍有情。
篋裡呼童搜舊扇，院中命僕架涼棚。
六街燈火笙歌鬧，三市人煙景物生。
漫道廛無夫里布，稱身重試葛衫輕。

26.市居初夏 七律二首之二

列肆分廛寄此生，熟梅天氣雨初晴。
日中財貨看成市，街上車塵轆有聲。
伍子吹簫憐過乞，晏嬰更宅總關情。
風光無限清和景，燈火千家不夜城。

27.玉峰山接天寺落成式紀念 七律二首之一

詩報 243 號 1941.3.2

結構莊嚴氣象雄，玉峰高聳勢摩空。
七重寶樹環精舍，一片慈雲護梵宮。
塔影斜連山嶂外，鐘聲遠隔雨煙中。
天開旭日添輪奐，香火春秋佛法崇。
註：天開旭日添輪奐，手稿一作巍峨寺貌鍾靈地。

28.玉峰山接天寺落成式紀念 七律二首之二

接天山寺勢崔嵬，讖語碑文認劫灰。
世界三千開梵宇，因緣十二証蓮台。
慈帆壓雪迷津渡，紫竹干霄覺岸栽。
結構莊嚴金布地，皈依佛法息輪回。

29.四湖鄉舉辦品茗會席上賦呈 七律一首

湖西晴曉會群仙，茗戰場中老少賢。

紫筍清旗烹活火，龍芽雀舌瀹新泉。

盡教七椀供賓席，敬備三杯薦佛筵。

更愛公評分等級，重翻茶譜繼年年。

30.四湖鄉舉辦圍棋大會席上賦呈 七律一首

棋敲庭院午時風，雲集群賢技絕工。

布陣排兵分黑白，爭先恐後鬥雌雄。

機藏動靜形容外，局變安危想像中。

別有爛柯心事在，居然袖手看圍攻。

31.次友笛兄留別瑤韻 七律二首之一

雄心未死更燃灰，十載功名客夢催。

今日掛冠從此去，何時捲土復重來。

櫪中老馬空知道，爨下焦桐有大才。

漫把雞蟲論得失，蛟龍變化待雲雷。

32.次友笛兄留別瑤韻 七律二首之二

市廛漸隱志非灰，風雲樓頭詩思催。

點綴寒英三徑在，婆娑涼月一窗來。

文章花樣雕龍技，錦繡詞篇吐鳳才。

怪底黃鐘多毀棄，不堪瓦缶似雷鳴。

33.次韻龔顯昇先生鄉勵大會即席賦贈諸君子

七律一首

詩報 261 號 1941.12.5

文字商量喜共陪，盍簪朋舊約重來。

海天一角鏖詩地，壇坫多年築將台。
棫樸篇留惟檢點，菁莪士得望栽培。
秋風明月攤箋夜，佳句香添錦繡才。

34.初冬試筆 七律一首

乾坤寒氣驗虹藏，律應黃鐘入小陽。
點雪早梅初破萼，傲霜殘菊尚留香。
頻添獸炭供爐火，輕著羊裘泛酒觴。
蒐得新書閒補讀，茅齋燈火夜偏長。

35.初夏即景 七律一首

簾幌低垂日正長，熟梅時節葵花香。
快針織雨連天綠，麥浪翻風匝地黃。
不盡江山容嘯傲，無邊歲月寄行藏。
嗜痂偏有耽吟癖，解渴何人賜玉漿。

36.竹村詞兄榮歸故里即次留別韻 七律二首之一

詩報 252 號 1941.7.22

萍梗浮沉寄此生，鏖詩曾記滯桃城。
勞人異地歸巢燕，求侶他年出谷鶯。
未許大謀拘小節，是真博學得宏名。
盍簪擬約重來日，車笠相逢慰別情。

37.竹村詞兄榮歸故里即次留別韻 七律二首之二

詩報 252 號 1941.7.22

豈因學派各分支，珍重吟軀會有期。
惠我佳音蒲節後，懷人妙句月明時。
藏身計未營三窟，寄足謀難借一枝。

任彼李桃花鬭豔，天寒霜菊慣開遲。

38.**有感** 七律三首之一

參差塵事怕回頭，鑄鐵終成錯九州。
嗜酒人偏爲酒困，耽詩我慣作詩囚。
往來足似無根草，去就身如不繫舟。
十載征鴻留蹤跡，生涯寥落冷於秋。

39.**有感** 七律三首之二

缺憾天偏補未全，彈將錦瑟恨年年。
非安難字頻停筆，爲寫哀吟輒碎箋。
雙淚漸隨銀燭盡，一心猶似鐵丸堅。
日從愁境尋生活，濁世難容賈浪仙。

40.**有感** 七律三首之三

假面何從蓋五官，而今真覺笑啼難。
文章腐敗羞王勃，身世蹉跎愧謝安。
豈是耽眠遊酒肆，屢因破悶入詩場。
江湖莫怨風波險，平地風波有禍瀾。

41.**同盟酒** 七律三首之一

騷壇敦槃聚名流，甕底藏春借婦謀。
玉筍班聯敦摯友，金蘭譜訂締吟儔。
盍簪盡許千回醉，把盞能消萬斛愁。
囓臂漫將頻反汗，相逢車笠敘交遊。

42.**同盟酒** 七律三首之二

麗澤相資仗友生，金蘭爲譜酒爲名。
盍簪更愛分賓主，把盞聯歡序弟兄。

未許是耽防亂性，差堪小酌亦陶情。

春風觴咏能敦睦，那管炎涼幾變更。

註：譜，一作簿。

防，一作妨。

43.**同盟酒** 七律三首之三

歃血聯爲共死生，金蘭芳釀舊時名。

敦槃有約分賓主，齒德俱存序弟兄。

杯泛紅螺敦友誼，酒斟綠蟻締交情。

盍簪更愛群賢集，北阮吟壇一步兵。

44.**西螺大橋** 七律一首

雲林文獻 2 卷 1 期 1953.3

名冠東洋技獨超，濟川功業史彰昭。

橫斜古渡螺溪月，點綴新題濁水潮。

鐵鎖連環堅石柱，金波弄影掛虹腰。

誓師大陸收回後，利涉征途國祚遙。

45.**佛手柑** 七律二首之一

溯源嘉種出西番，金色身常伴世尊。

蓮座清供禪理得，旃檀香透道心渾。

擎來始覺酣霜氣，捘處方知帶露痕。

一例麻姑竝長爪，持參玉版共承恩。

46.**佛手柑** 七律二首之二

異果爭傳佛手柑，最宜培植近伽藍。

魔降端藉空拳奮，禪定應憑合掌參。

熟到秋深金作色，供持古刹菊同龕。

大乘經卷須多閱，早晚拈花示老曇。

47.杏花天賦贈 七律一首

握別匆匆已半年，故人何幸忽言旋。
林因拇戰欣都盡，句憶心知惜未全。
開會題空拈剪燭，贈行詩竊比拋磚。
今宵堪慰離懷否，金玉驪珠昔一筵。

48.杏林延柏酒 七律一首

功同良相等良醫，宴啓南山介壽眉。
柏葉香浮新歲酒，杏花春暖錦囊詩。
醉添賀客斟千盞，笑向鄰墻露一枝。
別有桂蘭爭秀茂，分甘更愛日含飴。

49.呈冠三夫子並柬諸同志 七律一首

不平人自藉詩鳴，滄海栽桑幾變更。
一代文章新學子，千秋道義老儒生。
江山東亞成今古，風雨西歐任縱橫。
漫說衣冠非昔日，詩書同氣應同聲。

50.呈鏡明兄 七律一首

管領風騷樹一軍，吟壇拔幟策奇勳。
山河歷劫身仍健，詩酒忘形硯未焚。
不盡林園梅鶴侶，無邊歲月鷺鷗群。
記曾麗澤逢觴咏，佳句猶留齒頰芬。

51.空中結婚 七律三首之一

笑拍香肩詠結褵，飛船坐閱舊題詩。
翩翩雲影垂環佩，颯颯風聲入帳帷。
萬里翱翔操縱術，一場情愛喜歡時。

不煩靈鵲填橋力，銀漢雙星樂唱隨。

52.**空中結婚** 七律三首之二

海誓山盟志不移，雙飛雙宿永相隨。
凌霄只恐風姨妒，蘸影偏憐月姊窺。
空際筵開歌燕婉，雲間樂奏詠關雎。
參軍應喜偕新婦，博得癡翁一展眉。

53.**空中結婚** 七律三首之三

空際筵開合巹時，飛船坐穩御風姨。
好排雁字雲中寫，記取婚書月下披。
天上奮身欣比翼，人間額手慶齊眉。
翱翔得到銀河路，喜托絲羅洽唱隨。

54.**岱江訪友笛** 七律一首

驅車十里訪名賢，一路清吟聳兩肩。
萍水他鄉留夙約，關山明月證前緣。
燈煤共剪欣今夕，文字交遊記昔年。
坐久不知更欲盡，雞聲曉報岱江邊。

55.**松竹藥房新居誌慶** 七律一首

安居卜築東山鄉，遠近聞名拜藥王。
學究醫科分內外，心通病理祭陰陽。
杏林花放施仁術，橘井泉甘善取方。
更愛喬遷當燕賀，青山排闥水流芳。

56.**奉祝皇紀二千六百年紀念** 七律二首之一

　　　　　　　　　昭和皇紀慶頌集
　　　　　奉祝皇記二千六百年紀念詩集 1940
群臣侍宴看鷹揚，藻繪昇平快舉觴。

雪霽峰頭山富士，鉦懸樹杪日扶桑。
興隆國祚文風振，鞏固皇基武運長。
節屆二千年六百，黎民億兆沐恩光。

57.奉祝皇紀二千六百年紀念 七律二首之二

昭和皇紀慶頌集

奉祝皇記二千六百年紀念詩集 1940

旭旗舒卷看威揚，麗藻江山錦繡場。
文物憲章依舊樣，盤銘體制更新張。
岡陵壽並皇基固，日月光增國祚昌。
低首橿原宮下拜，二千六百紀元長。

58.奉酬竹村嘯濤銘勳自修並似彩雲 七律一首

畫壁旗亭互唱酬，碧紗籠得舊題留。
語能圓滑情猶暖，詩入香匳句亦柔。
幾處樓台明似畫，一場風月冷於秋。
江州司馬商人婦，漫把琵琶訴別愁。
註：嘯濤即蕭嘯濤。

59.和笑儂先生贈別瑤韻 七律一首

聚散風雲變幻間，萍蹤何處久盤桓。
青衫淪落歌長恨，白屋蕭條發浩嘆。
翻覆人情多險狠，崎嶇客路語艱難。
新亭共洗傷時淚，荏苒光陰屈指彈。

60.放魚 七律二首之一

悠然自得水迢迢，圉圉生機興趣饒。
戲藻今時聞潑剌，化龍他日看高跳。

池開鏡面光浮出，月印波心影動搖。
畢竟陶朱能致富，錦鱗紅尾放千條。

61.**放魚** 七律二首之二

容身局促半籃搖，纖細如尖筆下描。
放尔悠游穿綠藻，看他活潑躍春潮。
負函盛水添生意，養鯉開池致富饒。
更爲越王圖國計，鴟夷千古姓名標。

62.**雨絲** 七律二首之一

養花天氣雨霏霏，萬縷由空落翠微。
絕好秧尖穿過處，更將雲錦織成衣。
日斜易映傳紅色，月老難牽繫繡幃。
天緒肯從人緒攬，一般愁怨淚同揮。

63.**雨絲** 七律二首之二

疑繩疑線認依稀，墨染雲羅是也非。
擬種情根抽草腳，更添意緒縫天衣。
永紉未織因寒減，風剪思裁奈力微。
如此乾坤方破碎，金梭補擲看鶯飛。

64.**夜話偶作敬和笑儂先生芳韻** 七律二首之一

詩報 41 號 1932.8.15

爲訪名流載酒過，樽前慷慨共悲歌。
傷時工部吟懷壯，感舊司勳綺恨多。
半榻茶煙香嫋娜，一鉤簾月影婆娑。
仙壇喜聽談瀛事，那管滄桑變幾何。

65.夜話偶作敬和笑儂先生芳韻 七律二首之二

詩報 41 號 1932.8.15

敢詡吾儕鬢未蒼，嘔完心血總無妨。
薦盤荔菓嘗新味，移榻瓜枰納晚涼。
燭剪窗前嫌夜短，詩敲月下覺情長。
青衫淪落同為客，相對盈盈淚幾行。

66.並蒂蓮 七律一首

翠蓋亭亭映日鮮，清容好比六郎妍。
瑤池應許留佳種，移種洞房笑並肩。
十里香開並蒂蓮，同心好作合歡緣。
伊誰驚破鴛鴦夢，翠蓋遮羞羞更妍。

67.虎溪避暑 七律二首之一

得便幽栖且便栖，草堂杜老浣花谿。
天應有意憐秋士，我谷作心問夏畦。
任與趨炎成走狗，不堪苦熱共莎雞。
虎頭山下清遊好，即日隨身喚小奚。

68.虎溪避暑 七律二首之二

一溪清景秀煙寰，勝地宜人數往還。
暑氣消潛巖壑裡，詩情寄托水雲間。
流金爍石時多熱，沉李浮瓜意自閒。
指點波心涼味好，小舟盪到小孤山。

69.花榜 七律一首

春風及第李桃儔，落選寒梅自解羞。
金谷園中懸虎榜，武陵源處掛鰲頭。

科名應許登芳譜，色藝偏教上酒樓。
畢竟秋痕居第一，重翻花案亦風流。

70.**長壽香** 七律二首之一

雞蘇合制久名傳，搗麝微添潤露研。
幾炷焚來呈瑞靄，一絲吐出裊輕煙。
蘭熏東閣開香案，酒晉南山做壽筵。
別有氤氳佳氣在，椿庭樂奏九如篇。

71.**長壽香** 七律二首之二

軒窗几席淨塵氛，別製名香日夜焚。
更異燒蘭添馥郁，宛同搗麝擅清芬。
金猊煙起千条縷，寶鴨篆凝一炷雲。
賈女偷來聊獻祝，宏開壽宇晴朝熏。

72.**武巒拾翠** 七律一首

詩文之友 7 卷 4 期 1957.7.1

桃自紅時柳自青，諸峰羅列氣鍾靈。
香生蓮步花舖徑，碧染雲羅山作屏。
釀就豔情徵馥郁，揀來春色賣零星。
歸途已過吳公廟，風送鵑聲不忍聽。

73.**重九感作** 七律一首

題糕不敢笑劉郎，佳節登臨興倍長。
菊酒應留今日醉，茱囊猶帶去年香。
商飈館外空秋草，戲馬臺前賸夕陽。
眼底江山無限感，霜寒木葉盡凋傷。

74.重遊袋江席上呈笑儂先生並似漁笙漱雲友笛諸友 七律一首

詩報 70 號 1933.11.15

鴻泥舊跡感重遊，落拓多年似馬周。

末造衣冠同傀儡，過江人物盡名流。

樓臺歷歷景如畫，歌管紛紛氣得秋。

跼促乾坤頻放眼，不堪回首話前頭。

註：笑儂即楊笑儂。漁笙即蔡如生。漱雲即粘漱雲。友笛即林

友笛。

75.屏山夕照 七律二首之一

屏山風景畫圖中，旗鼓相當壯氣雄。

暮靄峰連千嶂碧，夕陽樹醉一林紅。

雁聲鳴處形排字，鴉背飛時影接空。

指點江山餘半壁，晴光斜映彩霞烘。

76.屏山夕照 七律二首之二

山如屏障鎮南方，九仞功成勢自強。

暮起雲霞圖錦繡，春生草木繪文章。

翠連遠岫窺形相，紅帶斜陽見化妝。

點點飛鴉天際裡，餘輝淑景弄晴光。

77.秋日北港大橋遠眺 七律一首

詩文之友 29 卷 2 期 1968.12.1
雲林縣詩人聯吟會戊申秋擊鉢

汾津橋上晚霞紅，水色山光笨港風。

雨霽玉峰看落日，流奔瀛海跨長虹。

聞砧過雁形容外，衰柳寒蒲冷淡中。

極目蒼茫天際裡，愁聲斷送一征鴻。

78.秋寺曉鐘 七律二首之一

詩文之友 6 卷 5 期 1957.1.1

峰巒未許露朝曦，遠近鐘聲出九嶷。
繼續洪音傳梵宇，清涼秋氣動山陂。
五更已醒人間夢，一念無差佛界慈。
更愛乾坤明朗化，嶺梅籬菊入新詩。

79.秋寺曉鐘 七律二首之二

颯颯新涼散滿襟，一鉤殘月掛禪林。
巖開曙色明方丈，葉落山空見古岑。
斷續鐘聲聞遠近，悠揚鯨韻吼浮沉。
音洪寶刹神靈地，已徹人間勢利心。

80.秋風 七律一首

淒淒切切動商音，大地涼飀爽氣臨。
漫使怒號狂偃草，應教吹拂入疏林。
詞傳汾水情仍憶，帽落龍山感不禁。
破屋深秋憐杜老，那堪閒聽冷蛩吟。
註：大地涼飀，作者又另寫爲：隔窗微逗。

81.秋郊晚步 七律二首之一

近郭人家半掩扉，行吟十里興遄飛。
蘆開遠岸花皆白，霜染疏林葉盡緋。
落日平原看放犢，西風野徑冷侵衣。
年來我亦偷閒慣，策杖珊珊步月歸。

82.秋郊晚步 七律二首之二

平原十里對斜暉，滿眼荒蕪景物稀。

野徑風飄紅葉亂，天空雁叫白雲飛。
偷閒我慣扶筇出，雜踏人多叱犢歸。
寄語濠梁遊侶客，江山搖落感時非。
註：荒蕪，作者又另寫爲：淒涼。

83.秋煙 七律一首

如雲如霧認難明，籠水籠沙到處生。
曲岸輕迷蘆荻雪，疎籬深鎖菊花英。
薄遮過雁疑無字，遠帶斜陽淡見城。
好是西風紅葉艷，霏霏一抹最多情。

84.待中秋 七律二首之一

詩文之友 2 卷 6 期 1954.6.15

冰輪未滿減清輝，斜倚欄杆望四圍。
尚欠圓時修玉斧，難爲情處捲珠幃。
竚看庾亮登樓興，擬待袁宏泛渚歸。
更愛素娥盟舊約，蟾宮攀桂願無違。

85.待中秋 七律二首之二

詩文之友 2 卷 6 期 1954.6.15

深期兔魄吐清輝，屈指樓頭願未違。
竹葉香留傾紫府，桂花豔孕放秋闈。
擬隨漢使仙槎去，還倩吳剛玉斧揮。
豈獨蟾宮光待復，金甌無缺照邦畿。

86.相思雨 七律一首

昨宵曾記夢團圓，今阻銀河兩地懸。
別思霏霏澆恨海，離愁漠漠漲情天。

靈鳩啼處心猿繫，石燕飛時意馬牽。
南國盡多紅豆子，千金一滴教誰憐。

87.**春柳** 七律二首之一
雨絲風片兩無情，綠遍揚州十里城。
張緒丰姿年正少，楊妃眉黛畫初成。
柔條似解繫驕馬，嫩色能邀聽早鶯。
眼底青青偏寄恨，江頭攀折可憐生。

88.**春柳** 七律二首之二
和雪含煙拂曉晴，青絲萬縷縮宮城。
偷來媚眼三眠起，舞罷纖腰一笑傾。
碧沼歌殘經雨後，玉關笛怨怕愁生。
東風不盡纏綿意，十二樓頭翠色明。

89.**紅茶** 七律三首之一
色染朝霞襯武夷，微烘晴日漲胭脂。
新芽春暖團雙鳳，嫩葉緋添認兩旗。
舌底清香餘醒酒，喉間風韻助哦詩。
聊供茗戰評佳種，啜後精神覺不疲。

90.**紅茶** 七律三首之二
偏承雨露潤英華，紫筍青旗暈彩霞。
醉日緋添烘嫩葉，春風綠漲茁新芽。
色分豐艷龍團好，味別清芳雀舌嘉。
茗戰夜寒聊當酒，不教調製混生花。

91.**紅茶** 七律三首之三
李艷桃穠色比誇，建溪晴曉茁英華。

新芽春暖烘朝日，嫩葉緋添襯晚霞。
團鳳分烹香可愛，烏龍別製品尤嘉。
聊將酒後供賓客，嗜好盧仝七椀加。

92.**虹橋** 七律一首

一條長臥色明鮮，五彩分明空際懸。
梳勢垂山看半缺，弓形照水覺全圓。
霞爲金柱重重架，雲作玉欄片片連。
想是天公臨下土，故教輟蝀化橋聯。

93.**香露水** 七律二首之一

久聞苦刹苦難求，一滴清幽氣亦幽。
仙掌釀來清似水，金盆凝處碧如油。
香傳玉露心先醉，潤到冰肌骨亦柔。
莫怪佳人爭購買，也知此物出西歐。

94.**香露水** 七律二首之二

碧液何曾帶露收，盈瓶蘭氣最風流。
珊珊枕上薰來好，翡翠衾中解處幽。
歌扇風迴魂欲斷，妝台人罷韻還留。
綺羅叢裡稱知己，勝似鮮花插滿頭。

95.**茶** 七律一首

院中鸚鵡喚呼頻，酒後供人薦客賓。
蒙頂春生風葉嫩，武夷晴曉露華新。
烹分雀舌香堪愛，揀選龍芽品可珍。
我與盧仝同嗜好，一甌聊自養精神。

96.席上呈竹村嘯濤兩社友並似彩雲女校 七律一首

畫壁旗亭互唱酬，碧紗籠得舊題留。

語能圓滑情猶暖，詩入香奩句亦柔。

幾處樓臺明似畫，一場風月冷於秋。

江州司馬商人婦，漫把琵琶訴別愁。

註：彩雲，嘉義名妓，文采斐然，詳見日治時期《369小報》。

97.席上呈謝景雲詞友 七律一首

相逢把臂晚筵開，即席聯吟喜共陪。

字畫風流偕逸少，詞章品格繼袁枚。

江山麗藻披詩卷，天地豪懷入酒杯。

準擬平原留十日，不妨泥醉玉峰頹。

98.祝方尚先生開業 七律一首

良相同功絕等倫，刀圭歐美盡趨新。

針茅妙技醫兼德，徙柳靈方術有神。

萬戶民登仁壽域，一囊藥貯太和春。

先生從此懸壺日，力補瘡痍復濟貧。

99.祝柏社週年紀念 七律一首

甚欲爲文效捲堂，憑他狂狷自成章。

多聞到底非干祿，有慾從來未見剛。

但許池塘春草艷，最宜碑帖墨花香。

仰觀俯察今休計，且敘幽情一詠觴。

100.祝聯玉重任庄長 七律一首

冷淡宦情同謝安，聞君依舊任都官。

在山霖雨蒼生望，入手將邪利器看。

　　三度淮陽重臥治，幾多貢禹慶彈冠。
　　嗟余久困鹽車下，風味而今向帶酸。

101.**海水浴** 七律一首

　　到海何妨暑氣侵，塵勞洗滌浪千尋。
　　鯤魚化處忘深淺，精衛填時恨古今。
　　重疊風濤鷗上下，蒼茫身世客浮沉。
　　恩波萬里欣同沐，佳節清和喜不禁。

102.**草示家侄茂林** 七律一首

　　莫恃微才意氣高，處身立業志當牢。
　　為人須重當三鑑，處世宜攻古六韜。
　　桂發彤庭看尔輩，霜寒白屋嘆吾曹。
　　居諸黽勵雲鵬路，尺寸光陰勉自操。
　　黃篆自註：退職中作。

103.**送以璋兄轉任** 七律二首之一

　　行李匆匆駕此程，客中送客轉愁生。
　　曲翻三疊歌新調，酒盡千杯憶舊情。
　　路轉青山牽別恨，淚添流水作離聲。
　　名傳夙播并州牧，到處兒童竹馬迎。

104.**送以璋兄轉任** 七律二首之二

　　漫將身世感浮萍，握手河梁酒幔青。
　　風笛有聲聞短驛，柳條無力折長亭。
　　萬家香火迎生佛，一路風光見福星。
　　別後魚書珍重寄，江湖客我尚飄蓬。

105.**送黃君遊大陸** 七律二首之一

盈盈一水遠連天，萬頃煙波待客船。
莫使英雄添恨別，端教兒女斷情牽。
出關氣概猶豪放，入洛才名到處傳。
曼衍魚龍沉大陸，看君快著祖生鞭。

106.**送黃君遊大陸** 七律二首之二

鵬飛健翮海門秋，萬里神州試壯遊。
末世衣冠同傀儡，過江人物盡名流。
中原鼙鼓聲聲壯，古塞烽煙處處愁。
如此乾坤方破碎，願君借箸展奇謀。

107.**旅次感作** 七律四首之一

詩報 39 號 1932.7.15

人海茫茫寄此身，何堪怨別復傷春。
猖狂阮藉顛猶醉，落拓相如病亦貧。
平地風波都不管，隔江煙火是何因。
故山猿鶴長相憶，千里歸途夢未真。

108.**旅次感作** 七律四首之二

詩報 39 號 1932.7.15

日長鬢課到黃昏，悵觸鄉心手自捫。
冷雨淒風羈客淚，青燈孤館故人魂。
一場春夢憐蕉鹿，半世功名付酒樽。
瓦釜雷鳴悲此日，黃鐘毀棄已無存。

109.**旅次感作** 七律四首之三

詩報 39 號 1932.7.15

狂奴故態尚依然，客裏耽吟恨轉牽。
寄食浪彈馮子鋏，謀生且乞廣文錢。
半鉤涼月三春夜，一片鄉心萬里天。
遊子江南芳草地，落花時節怨啼鵑。

110.**旅次感作** 七律四首之四

詩報 39 號 1932.7.15

漫將錦瑟惜華年，兩字書癡暗自塡。
愧我埋頭藏我拙，看人搖尾乞人憐。
趨權媚勢狐依虎，逐利爭名蟻附羶。
鐵血雄心消欲盡，死灰不信更重燃。

111.**病妓** 七律一首

枇杷門巷易生愁，暮雨朝雲怯病秋。
消瘦名花傷酒後，淡然脂粉冷青樓。
寧甘苦海久沉淪，冷淡煙花病裡身。
愁殺青樓風雨夜，呻吟床第一燈親。

112.**夏夜** 七律四首之一

白汗沾衣暑氣蒸，一輪璧月看東昇。
人從院裡輕搖扇，客立街頭喚賣冰。
祇愛荷花開碧沼，任教螢案暗青燈。
蛙聲閣閣薰風透，獨自披襟畫檻前。

113.**夏夜** 七律四首之二

涼露微微濕綠槐，宵深廣院暢吟懷。
半輪皓月來廊下，數點流螢照水涯。
小閣當中排骨董，高軒是處鬥牙牌。

天時人事須同樂，夜靜南薰一味佳。

114.**夏夜** 七律四首之三

萬象森羅夜氣清，石床露臥聽瓶笙。
人如古佛寂無語，心比玉壺淡更明。
竹月光穿蕉牖綠，松風涼透葛衣輕。
微虫底事不平甚，蛙自大鳴蚊小鳴。

115.**夏夜** 七律四首之四

晚來浴罷步空庭，暑氣仍然酷不停。
雪藕調冰醫苦渴，浮瓜沉李慰勞形。
草中蛙鬧疑摃皺，坡上螢飛帶落星。
獨立水亭風四面，荷花解意送芳馨。

116.**桃城話舊** 七律二首之一

詩報 275 號 1942.7.10

語到寒暄略剪陳，重逢差喜健吟身。
談心情莫分師友，促膝歡聯序主賓。
花月有痕新氣象，江山無恙舊精神。
群峰羅列春長在，風雅騷壇訂結鄰。

117.**桃城話舊** 七律二首之二

詩報 275 號 1942.7.10

劫後重逢近廿霜，諸羅往事話頭長。
雙忠應拜今時廟，三喜難逢昔日堂。
橡圃春回開杏麗，蓮湖夏到尚荷香。
故知吟侶同星散，剪燭何妨共一床。

118.消夏 七律二首之一

綠陰亭外遍蒼苔，窗扇門扉面面開。
雨洗荷塘袪暑去，風生竹院送涼來。
困人天氣情難受，聒耳蛙聲夢易回。
濁酒三杯茶七椀，新詩吟就費刪裁。

119.消夏 七律二首之二

小亭階上綠苔侵，雨後池蛙奏好音。
午晚夢隨園蝶舞，晚窗坐聽樹蟬吟。
酒燒胸塊陶情厚，碁轉心機運意深。
世態于今看爛熟，幽居得處隱泉林。

120.追悼李冠三先生 七律三首之一

詩報 148 號 1937.3.9

儒林凋處總堪憐，壇坫詩盟孰主肩。
過客人間成短夢，埋才地下作長眠。
傳薪文字留千載，治世經綸墜九淵。
飲泣泉台情痛隔，孤墳落日亂啼鵑。

121.追悼李冠三先生 七律三首之二

詩報 148 號 1937.3.9

大夢人間六十年，文章經濟膾殘篇。
千秋名姓留皮豹，一代風騷蛻殼蟬。
龍化鼎湖雲黑地，鶴歸華表月明天。
招魂不盡淒涼感，洗遍銀河涕淚漣。
註：手稿一作詩題爲：哭冠三先生。

122.追悼李冠三先生 七律三首之三

騎鯨客去憶青蓮，壇坫詩盟孰主肩。
寄跡人間成短夢，埋才地下作長眠。
傳薪文字留千載，治世經綸墜九淵。
飲泣泉台情痛隔，孤墳落日亂啼鵑。

註：手稿一作詩題為：哭冠三先生。

123.書感 七律二首之一

貧病年來不自持，窮通何必卜神龜。
看他狡兔營三堀，笑我鷦鷯借一枝。
寄食浪彈馮子鋏，感時頻賦杜陵詩。
馬牛異族逢差待，懶向人前話作為。

124.書感 七律二首之二

入眼風潮覺靡涯，屢逢時事一咨嗟。
困籠鶪鶪饑垂翮，當道豺狼猛倨牙。
感憤空歌亡楚調，載愁難駕美人車。
澄江落日無窮恨，怕聽山城歲暮笳。

125.書懷 七律四首之一

詩報 70 號 1933.11.15

艱難事業覺酸辛，冷熱吹羹試入脣。
愁雨頻添家國淚，西風仍健酒詩身。
多烘自笑頭顱舊，形式誰觀面目新。
塗炭衣冠成傀儡，登場非復昔時人。

126.書懷 七律四首之二

詩報 70 號 1933.11.15

仗誰血淚哭秦庭，黑海潮流水氣腥。
覆鼎已消湯沸沸，燎原初是火星星。
敢將科學誇尖銳，錯把文章論性靈。
太息神州還板蕩，了無一髮見山青。

註：黑海，手稿作熱海。

127. **書懷** 七律四首之三

詩報 70 號 1933.11.15

漫說人間有鄧林，十年來總淡名心。
折磨已試三燒玉，黽勉空勞百煉金。
靜裡生涯愁冷落，閒中意氣自消沉。
歸耕未必全身計，話到桑麻感不禁。

128. **書懷** 七律四首之四

詩報 70 號 1933.11.15

心血胥潮怨不平，論交端讓孔方兄。
不從勢位誇聲價，且與屠沽混姓名。
偃蹇命途憐李廣，蹉跎身世感蘭成。
何時塵網長拋得，結識禪門物外情。

129. **哭養齋** 七律一首

衰世扶輪究屬誰，可堪儒雅共維持。
誰知天殞文星後，正是人淪大夢時。
代謝風流蟬脫殼，聲名月旦豹留皮。
從茲何處尋遺範，青史青燈有所思。

130. **哭聰兒** 七律二首之一

變滅須臾劇可哀，累兒惡業禍為媒。

衣裳懸架都看盡，書籍藏箱未忍開。
思到儿原呼不起，望穿雙眼哭難回。
那堪悵觸喪明痛，養育多年志亦灰。

131.**哭聰兒** 七律二首之二

疾患河魚藥未吞，身如夯狗復奚存。
凄風冷雨尋無跡，孤館青燈夢有痕。
刃斷肝腸禽犢愛，頻揮眼淚地天昏。
分梨曾記能謙讓，一慟傷餘父子恩。

132.**閉戶先生** 七律四首之一

下帷慕董更同孫，不出非關晴雨論。
公子絕局情自異，英雄種菜業何存。
樂飢知命龜枯坐，懶讀貪眠笥怕翻。
拙守埋頭愧新竹，任將學究老蓬門。

133.**閉戶先生** 七律四首之二

懸梁學欲究精微，外論何須管是非。
萬卷圖書羅四壁，一天風雨闔雙扉。
三冬李鉉寧安枕，六歲王通不解帶。
入室升堂知有日，千秋鼎足仰芳徽。

134.**閉戶先生** 七律四首之三

懸梁卻睡累晨昏，為避喧囂靜掩門。
青簡長摩多歲月，紅塵不到小乾坤。
光偷合鑿匡衡壁，帷下寧窺董子園。
他日弓旌如見逮，休同段木又踰垣。

135. **閉戶先生** 七律四首之四

桃李門關教不施，年登太衍異當時。
青燈夜雨新功業，絳帳春風舊表儀。
道究天心勤讀易，身拋俗事且吟詩。
董公志與孫公願，一例高賢亦足師。

136. **淡江即景** 七律二首之一

稻艋沿堤護岸遙，幾家樓閣接雲霄。
一輪玉鏡波心月，十里銀濤渡口潮。
蓬島近聞仙子笛，蘭舟輕泛美人橈。
風光似欲秦淮好，北地胭脂勝六朝。

137. **淡江即景** 七律二首之二

江干日暮奏笙簫，點點漁燈兩岸遙。
古渡橫斜鯤海月，新橋掩映鷺洲潮。
市廛札地通三邑，樓閣連雲接九霄。
淡北風光稱第一，不妨遊衍放輕橈。

138. **唱和詩** 七律三首之一

別後玉山似舊不，待君商訂選詩樓。
猖狂有意譏黃祖，落拓何人識馬周。
拚作英雄甘一死，已教貧士占千秋。
暮雲最是無情物，勾起羈腸片片愁。

139. **唱和詩** 七律三首之二

鷺鯤一水往來不，目斷齊州海上樓。
故國啼鵑悲杜宇，荒園夢蝶感莊周。
論詩秦漢聲存夏，結客江湖氣得秋。

記取淡江同聽曲，十千沽酒散奇愁。

140. 唱和詩 七律三首之三

千仞軍峰氣欝森，偷閒伏策共登臨。

柳逢知己垂青眼，蕉解迎賓佈綠陰。

鶴未出山先刷羽，筍將成竹始虛心。

芒鞋踏遍山腰路，勉學逍遙梁父吟。

141. 偕張清輝賢契赴高雄訪許君山詞長即呈 七律一首

詩文之友 1 卷 6 期 1953.10.1

海天鷗鷺締前盟，骨肉情逾似弟兄。

傲世功名忘得祿，傷時涕淚吊延平。

久懸吟幟爲詩將，突破愁城借酒兵。

更愛風騷長振起，江山藻繪象文明。

註：張啓，字清輝，一字志成，水林鄉人。曾從李西端、黃篆
　　兩夫子遊。

142. 笨港懷古 七律一首

詩文之友 28 卷 1 期 1968.5.1

騷壇韻事舊留題，倒影諸峰醮笨溪。

賜爵不忘王得祿，墾荒猶憶顏思齊。

接天樓閣春三月，匝地農田雨一犁。

今日汾津橋上過，鵑聲似向義民啼。

註：倒影，手稿一作羅列。
　　照，手稿一作醮。
　　雲，手稿一作雨。

143. 偶感 七律一首

生成傲骨氣崚嶒，禮義詩書非日能。

莫把疏庸爲怠慢，豈真強梗是驕矜。

人因嚼蠟知無味，我愛吹羮覺懲後。

到底利名同腐鼠，文章墨守舊規繩。

144.荷錢 七律三首之一

波心點點翠鋪陳，巧鑄天工雨後新。
貯蓄蓮塘忘化蝶，融通水府賺游鱗。
一文慳吝難爲富，萬貫開消未是貧。
寄語小娃休採取，承歡留乞俸千緡。

145.荷錢 七律三首之二

青浮銖影濯清漣，沽酒謀難借十千。
漢女攤時纖手數，湘妃串處細腰纏。
南湖巧鑄三更雨，北渚平鋪五月天。
萬選莫誇盈積富，鑽營人擬鴨頭穿。
註：積富，一作積蓄。

146.荷錢 七律三首之三

乾坤醞釀鑄形圓，翠點波心雨後天。
貼水青邀鵝眼顧，盈池綠遍鴨頭穿。
一文莫數公私款，萬選難攤子母權。
只恐蓮房秋冷落，腰纏錯把論神仙。

147.將歸留別慶雲元規啓三玉亭 七律二首之一

亡羊歧路記前年，疋馬西風快整鞭。
歷歷關河增感慨，悠悠歲月任推遷。
數聲過雁青山外，幾點飛鴉落日邊。
惆悵不堪回首望，海西盡處有烽煙。

註：慶雲即王慶雲，鄉勵吟社成員。
玉亭爲周玉亭，字讀仙，久客嘉義。曾參加鄉勵吟社，與
黃篆、曾人傑人岸昆仲皆投契。

148.將歸留別慶雲元規啓三玉亭 七律二首之二

未甘拋棄是餘焚，劫後桑滄臘破書。
異代文章同覆甕，過時人物等腐朽。
中年絲竹分哀樂，月旦聲各尚毀譽。
愧我天涯淪落慣，寒酸儒氣未刪除。

149.眼鏡 七律一首

不愁銀海亂生花，觸處能教萬象呈。
兩道春山開靉靆，一泓秋水瀉晶瑩。
漫誇西楚重瞳貴，更勝湘東一目明。
彌盡人間蒙眊甚，離婁未許共爭衡。

150.婚牘 七律二首之一

掌判人間配偶緣，勞形月下檢殘編。
畫添鸞鳳簽庚帖，譜訂鴛鴦付版權。
蓬島書傳青鳥使，藍橋路遇玉京仙。
封緘密寫真珠字，願賦周南第一篇。

151.婚牘 七律二首之二

編修月老不糊塗，司判人間配偶俱。
莫把情書篇幅限，豈真豔史版權無。
牙籤重檢鴛鴦譜，粉本輕描蛺蝶圖。
一段良緣傳米市，花鈿貼鬢認奚殊。

152.寄懶雲 七律一首

獨創新詩領一軍，又從說部策奇勳。
曾經憂患心偏壯，為寫興亡筆不群。
始信交情清似水，豈真賦性懶於雲。

枌榆他時歸來日，野史亭中酒共醺。

註：懶雲即賴和。

153.寄懷曾人傑人岸兩昆仲 七律一首

詩報 69 號 1933.11.1
瀛海詩集 347 頁 1940.12.30

汾津別後久無詩，風雨關山雁札遲。

對酒記曾蒲節後，懷人猶是月明時。

十年蹤跡留鴻爪，一代聲名尚豹皮。

萬里相思繫短夢，此生寥落有誰知。

註：繫短夢，一作縈短夢。

154.寄懷麗澤吟社諸友 七律一首

悲秋無奈冷蛩吟，鬱勃騷懷酒獨斟。

蘭芷恨添孤客淚，芭蕉愁捲美人心。

清狂杜牧情何限，多病維摩感不禁。

更有停雲縈別意，悠悠流水碧潭深。

註：一作詩題為：寄懷羅山諸吟侶。

　　感不禁，一作瘦不禁。

155.賀竹修弄孫次韻 七律一首

三槐又茁老龍枝，吉夢徵蘭正歲期。

父子右軍傳大命，妻夫道韞匹凝之。

迎來賀客吟叉手，博得癡翁喜展眉。

遙想高懸弧矢日，昂頭門外短筇支。

註：竹修即台中王竹修。

156.閒居 七律三首之一

年來無事小神仙，○○幽○○○○。

幾樹蒼松觀鶴舞，牛池春冰○鷗眠。
閒中歲月書千卷，靜裡乾坤室一椽。
靄靄香煙爐篆起，抱琴長此韻流泉。
註：原稿殘闕。

157.閒居 七律三首之二

安身不羨築高樓，第宅三弓僻地幽。
幾卷新書能度日，牛樽老酒可消愁。
壺中歲月壺中住，靜裡乾坤靜裡休。
孤鶴野雲空自在，悠然物外復奚求。

158.閒居 七律三首之三

花落門庭草滿階，四時佳景作吟材。
窗開曉日喧簷雀，簾捲春山泣晚雷。
泛泛鷺鷗任寄寓，悠悠雲鶴自徘徊。
處身別有分天地，一室維摩絕點埃。

159.婺星 七律一首

窺簾須女煥中天，設帨萱堂卜鶴年。
象列坤儀分斗柄，文昭乾道聚奎躔。
銀河燦影珠機絡，壽宇光開璧月連。
王母瑤池逢錫宴，雲璈樂奏九如篇。

160.進香車 七律一首

汾津橋畔白蘋洲，輾轆輕車此地遊。
十里輶軒聞叱犢，一天雲雨亂鳴鳩。
仰瞻母範恩猶在，頂禮神宮願已酬。
更愛回鑾迎聖駕，三軍復國獻奇謀。

161.無題 七律一首

中央徵詩

仗誰血淚哭秦庭，熱海潮流水氣醒。
覆鼎已消湯沸沸，燎原應是火星星。
漫將科學誇尖銳，錯把文章論性靈。
太息神州還板蕩，了無一髮見山青。

162.無題 七律一首

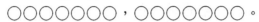

金粟香浮花院外，素娥欣舞○○○。
空間幻境清虛府，月裡謠聞不○○。
萬籟無聲秋夜靜，琳琅宮殿雪霜塡。
　　註：原稿殘闕

163.無題 七律一首

喧闐簫鼓振江天，士女如雲曙氣然。
隨例人多簪虎艾，招魂我愛開龍船。
兩邊濺水羅衣濕，一樣迎風綵幟妍。
應許健兒身手好，翩翩奪得錦標還。
　　註：此詠端午競舟事。

164.無題 七律三首之一

漸別猶難況久離，四行淚下記春初。
玉簫有譜惟哀怨，錦瑟無心任毀譽。
豆蔻已胎蓮已子，老莊為蝶我為魚。
可憐人面桃花感，不寄蕭郎一紙書。

165.**無題** 七律三首之二

生成辮髮未盤鴉，小字初明鬥麗華。
尔正春山描柳葉，我方秋水詠蒹葭。
佳人身分今不節，名士頭銜古押衙。
燕不雙栖鴻隻影，傷心豈獨在盧家。

166.**無題** 七律三首之三

思到難酬怨已伸，一生悔恨困風塵。
早知薄命原情種，未必憐才少美人。
萍水無根淪苦海，桃花有浪漲迷津。
任伊繡虎誇能賦，祇會抽毫咏洛神。
註：此三首〈無題〉顯然代妓女而詠。

167.**無題** 七律八首之一

郎當修竹弱搖風，何幸鸞箋隆北鴻。
道義殷勤千載上，師生贈答一詩中。
敢因日長居前輩，無那時乖到老翁。
歲晚冰霜違兩地，多情惜別有文通。

168.**無題** 七律八首之二

青山何處定行藏，人世曾無石敢當。
歧路亡羊淹日月，鹽車困驥老風霜。
弄文未見貽佗橐，賣賦仍教澁阮囊。
六四年華如轉瞬，園林株守尚槐堂。

169.**無題** 七律八首之三

來年荼蓼苦曾諳，不酒昏昏亦醉酣。
惆悵兩生歸代北，獨憐一老冷淮南。

清時有味空欣羨，濁世無才敢縱談。
搔首問天天莫問，霜華滿鬢更何堪。

170.**無題** 七律八首之四
故園回首種桃年，得與談經亦夙緣。
華髮已題平子賦，青氈仍乞廣文錢。
聲名黯黯儕齊眾，身世茫茫問老天。
幸有傳燈衣鉢在，多君猛著祖生鞭。

171.**無題** 七律八首之五
漠漠寒雲下朔風，寥寥天際冷飛鴻。
因緣三載顏曾契，道義千秋孔孟中。
入世難逢青眼客，傳經長憶白頭翁。
不知張籍歸來後，一卷羲文夢寐通。

172.**無題** 七律八首之六
著作名山學豹藏，人前客袖厭郎當。
李桃早已盛門巷，松柏終看耐雪霜。
鹿洞風高喧木鐸，虎溪秋滿足奚囊。
平生杖履追隨慣，慚愧彭宣列後堂。

173.**無題** 七律八首之七
酸鹽世味已深諳，老至丹鉛興倍酣。
詩律風清陵薊北，文章聲價重崁南。
雕龍早見篇篇艷，捫蝨如聞侃侃談。
根觸衣冠非昔日，儒生心事感何堪。

174.**無題** 七律八首之八
回首程門立雪年，三生文字契探緣。

鳴時尙乏班楊賦，攤債寧謀筆硯錢。
醉草園開山北地，少微星耀海南天。
春風珍重敲詩約，竹塹城頭共著鞭。
註：此八首〈無題〉均有感懷之意。

175.匯川 七律二首之一

汪洋福海看平流，欸乃聲中一葉舟。
水調歌翻長短句，滄浪唱徹淺深秋。
輕風放棹紅毛港，落日歸帆鳳鼻頭。
萬頃煙波名釣客，蒼茫身世發清謳。

176.匯川 七律二首之二

蒼茫極目遠連空，福海潮平一短篷。
點點飛鷗檣影外，滔滔流水櫓聲中。
輕波蕩處歌漁父，細雨歸時語釣翁。
濯足滄浪聞雅調，悠揚唱徹港門東。

177.遊日月潭感賦 七律一首

大尖山壑溢寒泉，巨浸形成日月圓。
開發電源增馬力，計興水利灌農田。
蕃歌樵唱峰前路，煙樹晴嵐雨後天。
十里湖光樓倒影，誰家輕泛打漁船。

178.遊諸羅 七律一首

折柳王孫快馬蹄，于今驛路舊城西。
往來巷裡鶯聲鬧，紅綠叢中蝶徑迷。
屏列峰巒明遠近，雲連樓閣見高低。
多情絕好羅山月，無限風光入品題。

179.新竹 七律三首之一

詩報 263 號 1942.1.1

淇園雨過茁森森，玉版味參佛理深。
未出土時先有節，俱凌霄志得虛心。
穿苔微露龍頭角，解籜初抽鳳尾簪。
他日婆娑窗外影，數竿瀟灑助清吟。

註：助清吟，手稿一作綠成陰。

180.新竹 七律三首之二

羨君氣節異尋常，簇出龍孫卜世昌。
已破苔痕羊角露，尚封泥跡豹形藏。
抽芽幾度驚雷雨，解籜他時耐雪霜。
更愛柯亭裁短笛，放梢初見過簷長。

181.新竹 七律三首之三

冬春佳饌佐盤餐，舊淚痕留憶孟宗。
點雪未窺青籜解，凍雷已破碧苔封。
放梢異日來栖鳳，作杖他年待化龍。
更愛千竿形个字，知君能幹自成胸。

註：一作詩題為：新竹笋。
　　一稿佐盤餐，一稿作佐盤供。

182.感吟 七律一首

摩挲兩鬢感無端，湖海論交孰膽肝。
人到流離思骨肉，時多傀儡薄衣冠。
卻愁久雨鄉書杳，最恨孤燈客夢殘。
莫笑江干謀食拙，登盤海味尚堪餐。

183. **感事** 七律一首

霜寒未若一儒寒，跼促乾坤恨不寬。
說到青天無白日，行來平地有狂瀾。
人關險比秦關險，世道難於蜀道難。
寄語局中名利客，著棋希莫累傍觀。

184. **感懷** 七律二首之一

雙丸拋擲去陳陳，作達人觀不要嗔。
附勢任伊誇獨飽，知書于我尚清貧。
鶯花故國三年夢，鷗水他鄉萬里身。
一自謝家分散後，堂前燕子屬何人。

185. **感懷** 七律二首之二

不問誹謗與譏誚，得句偏從月下敲。
求侶啼鶯應出谷，離人飛燕復為巢。
垂青柳眼逢知己，向心葵心憶故交。
蒐得焚餘書一卷，草堂補讀未全拋。

186. **落花** 七律四首之一

自開自落自成雙，一夜東風恨滿腔。
片片堆紅舖小徑，紛紛積翠艷春江。
金鈴響盡香迷閣，玉笛聲殘月映窗。
我亦攜筇園外過，忍看溷逐水淙淙。

187. **落花** 七律四首之二

含愁帶雨下春江，國色浮沉繞畫艭。
雪墜玉樓飛片片，風飄繡閣舞雙雙。
心隨蝶夢香千里，恨聽鵑聲笛一腔。

月冷煙空憐寂寂，費人夜半剔銀釭。

188.落花 七律四首之三

漫道金鈴繫十二，五更料峭送寒來。
臨風片片隨流水，帶雨紛紛點綠苔。
狼藉叢中蝴蝶恨，淒涼枝上杜鵑哀。
綠珠身外香魂渺，落地無聲錦繡堆。

189.落花 七律四首之四

繁華過眼化雲煙，敗綠殘紅劇可憐。
香國春深愁雨後，芳園花老怯風前。
紛紛落地堆成錦，片片飛空散作箋。
夢斷芳魂蝴蝶恨，飄零枝上怨啼鵑。

190.敬和笑儂先生夜話瑤韻 七律二首之一

爲訪名流載酒過，樽前慷慨共悲歌。
傷時工部吟懷壯，感舊司勳綺恨多。
半榻茶煙香嬝娜，一鉤簾月影婆娑。
仙壇喜聽談瀛事，那管滄桑變幾何。

191.敬和笑儂先生夜話瑤韻 七律二首之二

敢詡吾儕鬢未蒼，嘔完心血總無妨。
薦盤荔果嘗新味，移榻瓜棚納晚涼。
燭剪窗前嫌夜短，詩敲月下覺情長。
青衫淪落同爲客，相對盈盈淚幾行。

195.敬和傳心兄寄懷原韻 七律二首之一

吟壇久已負詩盟，偶讀佳章百感生。
流水鳴琴聞雅調，敲金戛玉叶新聲。

憑君驥尾長依附，拙我蠅頭學鑽營。
雞黍秋風能踐約，聯床夜話閉柴荊。
註：傳心即黃傳心。

193.**敬和傳心兄寄懷原韻** 七律二首之二

徹宵風雨打窗櫺，孤館青燈夢易醒。
破浪鯤溟懷未已，栽桑滄海憶曾經。
人情變幻如蒼狗，世事舖張似畫屏。
秋水蒹葭增感慨，亂蛩聲裡弗堪聽。

194.**楚項羽羞歸** 七律二首之一

那無天命屬重瞳，悔不鴻門殺沛公。
百二關河嘶戰馬，八千子弟泣沙蟲。
英雄漫把論成敗，智力終須別異同。
故里羞歸見父老，烏江畢命霸圖空。

195.**楚項羽羞歸** 七律二首之二

詩報 79 號 1934.4.15
鼓山吟社許君山氏第四期徵詩

霸圖一舉起江東，八載曾經戰血紅。
破釜沉船誇勇敢，拔山扛鼎逞英雄。
愧無面目還鄉里，願把頭顱贈馬童。
人笑沐猴成底事，當年失策棄關中。

196.**經過溝感作** 七律一首

詩報 70 號 1933.11.15

海西盡處古荒原，憶舊又尋去歲村。
別後韋郎嗟已老，再來崔護總消魂。
蹄驕駿馬銷輪鐵，淚濕青衫混酒痕。

惆悵不堪回首問，莫將往事復重溫。

註：過溝，即布袋過溝，詩人楊樹德（笑儂）在過溝樹德醫院
　　執業。雲嘉彰投文人去嘉義布袋，多半會拜訪之。

197.跳舞美人 七律二首之一

跳舞場中錦繡重，蹁躚佳妹印芳蹤。
紫羅輕束春衫煖，紅粉嬌粧翠袖鬆。
弱柳隨風窺嫋娜，金蓮出水步從容。
幾疑瓊島仙姿侶，降謫人間一笑逢。

198.跳舞美人 七律二首之二

天女散花一笑逢，翩翩香袂步雍容。
柳腰瘦曳羅裙動，杏臉微暈粉黛供。
曲折回鸞身嫋娜，蹁躚飛燕體輕鬆。
漫云翊翊仙姿侶，舞罷芳軀氣力慵。

199.腳踏馬屎傍官勢 七律二首之一

媚骨生成善謟諛，官場路熟慣馳驅。
橫行社會全身毒，誘吸民膏一〇〇。
搖尾乞憐成走狗，欺人借勢〇〇〇。
揚揚得意誇鄉里，嚇騙〇〇〇〇〇。

註：原稿殘闕。

200.腳踏馬屎傍官勢 七律二首之二

乞憐搖尾自誇榮，走狗場中作弊生。
巧語花言工謟媚，奴顏婢膝慣逢迎。
身依勢位多驕傲，人倚權門盡倒行。
到處怨聲聞載道，狂吟聊作不平鳴。

201. 過雙連潭訪大川君和傳心兄瑤韻 七律一首

詩報 131 號 1936.6.15

海西風景約相探，帽影鞭絲駕此驂。
浪說魚鹽開石港，空餘山月印雙潭。
三春訪友情猶摯，一路尋詩興更酣。
莫問他鄉同作客，萋萋芳草賦江南。

註：大川即洪大川。傳心即黃傳心。

註：莫問，手稿一作漫問。

202. 詩騙 七律二首之一

廣徵吟料盡搜羅，詩界年來騙局多。
得意阿誰言及第，微才而我望登科。
風騷藝苑空消息，聲價詞場有舛訛。
贈品非關酬厚薄，欺人尔自竟如何。

203. 詩騙 七律二首之二

登刊報紙載分明，七律佳篇韻八庚。
儒雅渾如宵小輩，風騷尙隱詐欺名。
沒收吟料空消息，毀棄詞章失細評。
詩界于今成騙局，空雷無雨僅傳聲。

204. 與大川君客途有感草此以寄 七律一首

打頭風雨太無情，萍水他鄉駕此程。
轆轆輕車同載話，匆匆征馬共催行。
風塵馳逐身仍健，大地迷離世不清。
君住村南我村北，海天一角締鷗盟。

註：大川即洪大川。

205.**壽山樵唱** 七律二首之一

詩報 44 號 7.10.1
紅毛港青年研究會 4 期徵詩

千秋壽嶺氣鍾靈，旗鼓東南作障屏。
澗底禽鳴流水活，林間樵唱暮山青。
歌聲嘹喨傳空谷，笠影欹斜過小亭。
我為爛柯心事在，歸來頭上見披星。

206.**壽山樵唱** 七律二首之二

壽山山色十分清，指點靈峰夕照明。
越嶺行歌音嫋嫋，穿林伐木韻丁丁。
歸時唱徹雲間路，嘯處聞傳谷外聲。
生計樵蘇聊自慰，笑他翁子老功名。

207.**壽桃** 七律一首

仙根蟠木托輪囷，甘釀低枝雨露勻。
果薦瑤池千歲熟，花開萱室一家春。
七枚供獻邀王母，三次重偷憶漢臣。
別有橙紅兼橘綠，堆盤端合壽慈親。
　註：漢臣，一作朔臣。

208.**壽椿** 七律一首

不同松檜較青蒼，富有春秋米壽長。
得地靈根延歲月，參天老幹飽風霜。
盡多枝葉垂餘蔭，應兆兒孫厥後昌。
如此岡陵添永固，星分南極照清光。

209.**壽萱** 七律二首之一

偏承雨露茁庭前，兒女花開色倍妍。

曲徑漫教欺綠草，迴塘未許笑紅蓮。
華堂春暖怡情日，璇室香添益壽年。
別有桂蘭競秀茂，欣然相對百憂蠲。

210.**壽萱** 七律二首之二

協卜宜男草色妍，北堂培植已多年。
迴欄綠漲三春雨，繞砌香添五月天。
能使忘憂莖葉茂，永留餘蔭子孫賢。
庭蘭別有徵祥瑞，寶婺光分照綺筵。

211.**壽詩** 七律三首之一

大椿堂上會群仙，佳節懸弧卜鶴年。
五老圖開登壽域，九如詩獻啟芳筵。
光爭雪月心常皎，志奪霜筠節愈堅。
記取彰城諸耆舊，故家喬木得鶯遷。

212.**壽詩** 七律三首之二

雲璈樂奏九如篇，南極星輝照綺筵。
金壽花簪添鶴算，玉壺酒晉卜龜年。
孫能養志翁稱健，子可承歡婦亦賢。
名重枌榆尊齒德，螺陽得地憶喬遷。

213.**壽詩** 七律三首之三

移家致富范鴟夷，握算商場老更知。
矍鑠精神形似鶴，健全元氣壽如龜。
祝詞願獻三多句，繫臂能添五綵絲。
預卜遐齡加十九，定邀天眷到期頤。

214.銀河 七律二首之一

雙星有約鵲橋填，深淺難稽舊日緣。
已靜風濤消恨海，了無雲雨漲情天。
窮源索問支機石，瀉影翻疑瀑布泉。
水氣涵光秋一色，靈槎重泛斗牛邊。

215.銀河 七律二首之二

茫茫徒喚奈何天，倒影遙空一水連。
問渡已無風浪起，相逢擬待鵲橋填。
雲情雨意牽離緒，海誓山盟締舊緣。
更愛乾坤明朗化，雙星會宴賦佳篇。

216.種桃 七律一首

曾傳消息到人間，果實神仙乞未還。
賴有三偷餘爛核，春風和月種茅山。
多年作宰種河陽，滿縣春風飲酪漿。
堪比甘棠遺澤厚，千年人尚憶潘郎。

217.圖書館 七律二首之一

供閱爭傳萬卷多，蘭臺石室較如何。
牙籤檢點存經史，典籍搜羅雜漢和。
古蝕蟲文書易法，今傳蝌字學分科。
益人智慧千篇富，國粹珍藏重切磋。

218.圖書館 七律二首之二

經營巧匠奪天工，高並蘭臺約略同。
藜閣氣凌雲漢外，文峰光射斗牛中。
千篇供閱詞章富，萬卷搜羅德教隆。

更愛公餘間補讀，益人智慧自無窮。

219.蒲劍 七律二首之一

懸腰未敢入酒場，依例人間插戶傍。
小試奚堪誇巨闕，大名差可擬干將。
簷前戰雨青鋒銳，水面翻風綠葉長。
身世漫將輕草莽，辟邪我愛掛端陽。
註：酒場，一作沙場。

220.蒲劍 七律二首之二

輕柔萬柄舞薰風，重午懸門氣象雄。
巨闕何須藏鞘裡，青萍更愛出池中。
辟邪具有精神力，鈹鑄仍憑造化功。
聲價由來皆草草，掛腰未許易從戎。

221.碪聲 七律二首之一

戍遠邊城感不禁，秋風何處搗清砧。
聽來九月嚴寒近，聞到三更別恨深。
斷續聲中驚客夢，丁東韻裡碎鄉心。
那堪用盡閨中力，萬里空傳塞外音。

222.碪聲 七律二首之二

縈縈旅思觸愁生，碪杵音中怨不平。
明月傳聞邊戍恨，秋風吹送玉關情。
驚回客夢丁東韻，打碎鄉心斷續聲。
弱臂不勝霜露冷，那堪搗到夜三更。

223.樂耳王 七律六首之一

悠悠樂耳久馳名，引籟空中一線橫。

巧竊宮商歌宛轉，靈通藝術詡文明。
忽傳北米風雲變，又報中原鷸蚌爭。
科學精微今勝古，化工消息付時評。

224.樂耳王　七律六首之二

案上玲瓏奏妙聲，如人言語箇中生。
關心政事兼時事，入耳軍情又市情。
聽到烽煙爭對岸，更傳議論出聯盟。
國防正值非常日，端藉靈機輸至誠。

225.樂耳王　七律六首之三

頃刻鞭施萬里程，寰球報捷勵風行。
一機案上傳人語，百尺竿頭引籟鳴。
巧奪天工誇格致，精通造化擅文明。
古今樂律都難匹，樂耳王音是正聲。

226.樂耳王　七律六首之四

放送時來自作聲，電波長短語音明。
高低線感陰陽氣，多寡球分遠近程。
解悶歌場傳北里，縱談政局繼南京。
可尼科學探神秘，獨運靈機擅慧名。

227.樂耳王　七律六首之五

泰西電學妙難名，萬象森羅放送清。
人愛絃歌聞悅耳，我聞時局每關情。
聯邦消息憑飛報，二氣陰陽發正聲。
甚欲遠攜天上置，塵寰事可語通明。

228.樂耳王 七律六首之六

巧製靈機案上橫，包羅萬籟箇中成。
模型異體分三漏，妙技神工藉五行。
陰電氣通陽電動，長波音送短波生。
謀天造化憑人力，頃刻傳來海外情。

229.暮春書懷 七律一首

詩報 153 號 1937.5.25

殘紅敗綠亂如麻，杜宇聲中對落花。
九十韶光成荏苒，廿番春信送繁華。
青山歷歷鄉心切，芳草萋萋客夢賒。
不盡江南遊子意，故園回首日西斜。
註：對落花，手稿一作怨落花。
　　廿番，手稿一作一年。

230.廣寒宮 七律二首之一

○○○○○○○，○○○○○○○。
金粟香浮花院外，素娥歌舞○○○。
空間幻境清虛府，月裡謠聞不老仙。
萬籟無聲秋夜靜，琳琅宮殿雪霜塡。
註：原稿殘闕。

231.廣寒宮 七律二首之二

玉宇冰輪照大千，此間仙府建何年。
曾聞天寶經遊後，已被姮娥竊佔先。
隱約樓台風雨夜，玲瓏宮殿雪霜天。
○○○○○幽處，斫樹吳剛是謫仙。
註：原稿殘闕。

232.**慧劍** 七律四首之一

分明三尺氣如虹，磨鍊全憑智力忙。
莊子解牛同銳利，金剛怒目見光芒。
笑他彈鋏何堪論，藉彼除魔尚不妨。
我亦俗緣纏繞苦，願祈一割斷腸情。

233.**慧劍** 七律四首之二

誰把英雄熱血紅，鑄成三尺氣凌空。
龍文耀彩丹田內，巨闕傳神臟腑中。
閃爍卻隨睛並轉，鋒鋩不藉水磨礱。
有時借尔雄揮舞，割盡情絲建異功。

234.**慧劍** 七律四首之三

鋒鋩誰解辨雄雌，一試空門銳亦奇。
好贈僧尼剷慾念，端教兒女斷情痴。
斬妖不借英雄手，殺鬼何勞義勇師。
未向名場經百戰，磨光割垢佛低眉。

235.**慧劍** 七律四首之四

寒鋒凜凜試龍泉，不戰名場擅利堅。
割淨六根無慾念，斬除萬慮絕愁牽。
春風香國剷情種，法雨空門斷俗緣。
昔日未經雷煥識，純青爐火鑄何年。

236.**劍膽** 七律一首

鋒鋩誰把贈英雄，殺賊誅奸見義忠。
三尺光芒歌斫地，七星文煥氣橫空。
塗肝鼓鑄丹田內，瀝血磨礱臟腑中。

漫說解牛同銳利，沙場百戰立奇功。

237.諸羅覽勝 七律一首

詩報 156 號 1937.7.6

玉峰山色鬱青蒼，健足行吟笑放狂。
槺圃風清留故趾，桃城月朗照迴廊。
三春選勝攜詩卷，十里尋芳倒酒觴。
獨喜宜春樓上望，燈光萬點認輝煌。

238.隆嶺夕煙 七律二首之一

千秋隆嶺雨煙侵，嵐氣騰騰萬壑陰。
翠色千重迷遠岫，夕陽一角抹疏林。
氤氳細起分濃淡，繚繞輕浮罩淺深。
絕頂登臨攜滿袖，幾人嘯傲共披襟。

239.隆嶺夕煙 七律二首之二

詩報 45 號 1932.10.15
鯤瀛詩文集 329 期
登瀛吟社第五期徵詩
瀛海詩集 347 頁 1940.12.30

氤氳隆嶺氣鍾靈，北近三貂作障屏。
非霧非雲頻幻影，和風和雨自成形。
輕籠遠岫千重翠，淡抹高峰一角青。
繚繞素浮天際外，蒼茫夕照晦滄冥。
　　註：頻，一作憑。
　　　　天際，一作山嶂。
　　　　蒼茫，一作模糊。

240.蔣總統六秩榮壽 七律一首

臺灣詩選 234 頁 1953.10.10

繼承革命緒千端，建國深知責未完。

豈爲貪功圖北伐，顧全大局入西安。
忍猶可忍容中共，防不勝防是漢奸。
今日太平開壽宴，蟠桃盤薦兆民歡。

241. **憶妓** 七律三首之一

歡場曾記綺羅親，別後相思寄夢頻。
畫壁旗亭仍憶舊，題名花榜已翻新。
春山柳葉眉依樣，秋水蒹葭句入神。
回首樓頭風月夜，管絃聲裡淚沾巾。

242. **憶妓** 七律三首之二

旗亭畫壁跡成陳，粉黛三千已換新。
絃管聲中誰賭曲，綺羅叢裡客尋春。
情留紅袖稱知己，夢入青樓證夙因。
憶自秋痕人去後，空餘鸚鵡喚呼頻。

243. **憶妓** 七律三首之三

記曾相識綺羅身，紅綠叢中帶笑顰。
薄倖名終偏負爾，少年場應屬何人。
青天碧海思長夜，語燕啼鶯怨暮春。
重擬青樓尋舊夢，好將風月話前因。

244. **擇婦** 七律二首之一

詩報 85 號 1934.7.15

蘭閨靜肅協坤柔，詩首關雎詠好逑。
井臼親操閨有則，家庭共理自無求。
盟山誓海都非願，美雨歐風更不由。
若得村娃成眷屬，一生儉德好謀猷。

註：家庭共理自無求，手稿一作家庭副業相無尤。
　　都非願，手稿一作都如願。
　　更不由，手稿一作重自由。
　　若得村娃，手稿一作畢業神仙。
　　一生儉德好謀猷，手稿一作人間艷福到雙修。

245.擇婦 七律二首之二

詩報 85 號 1934.7.15

坤柔應許配乾剛，美選良緣一段香。
巾幗須當求淑女，鬚眉還把重才郎。
人稱四德能無愧，我道三從不失常。
禮教家庭都守舊，論婚門戶亦相當。

註：須當求淑女，手稿一作漫將誇婦女。

246.餐菊 七律一首

籬金點綴曉霜初，零落西風恨有餘。
食蕊只緣心淡泊，愛花恆得志安舒。
渾將晚節裁虛椀，好把幽香當野蔬。
我與屈平同嗜好，殘英拾取總堪茹。

註：殘英拾取，作者又另寫為：幾莖攀折。

247.曉渡樸津 七律一首

詩報 70 號 1933.11.15

行李匆匆曙色天，襟寒羸骨戰風前。
疏林一角懸殘月，遠岫千重罩曉煙。
樸子津頭人立馬，田簝溪畔客停鞭。
臨流莫唱公無渡，滿眼時潮共刺船。

248.燈蛾 七律一首

楚宮誰怯夢魂單，化作翩翩夜未闌。
棄暗投明猶可說，輕生樂死又何端。
堂前撲火千回舞，世上趨炎一例看。
我便憐他燈不點，免教微物類燒殘。

249.謁聖廟 七律二首之一

難忘束髮拜師門，一字撐腸亦感恩。
斯世父書誰肯讀，先王祖述獨相尊。
絀時孟豈為荀廢，詬病儒方併墨論。
他日升堂還入室，頗思學禮命兒孫。

250.謁聖廟 七律二首之二

欞星門聳稻江隈，文運疑然死後灰。
人格尤高夷惠尹，宗風迥異釋耶回。
世訾流弊君權重，我愛收功民智開。
只惜遺經傳不易，宮墻空自仰崔巍。

251.謁韓祠 七律一首

巍峩廟貌鎮潮陽，低首來參感慨長。
論道當年人讚頌，服丹晚節史荒唐。
千秋學術薪傳盛，百世師宗藻薦香。
漫說文衰能拯起，祇今佛老尙繁昌。

252.戲彩娛親 七律二首之一

舞袖春風老態妍，斑衣輕著戲親前。
善能養志翁稱健，佐備承歡婦亦賢。
海屋籌添齡八百，瑤池桃熟歲三千。

怡然蔗境回甘日，桂子蘭孫樂晚年。
註：輕著，一作寬著。
　　備，原稿似傭，實爲備字。

253.戲彩娛親 七律二首之二

漫道事親色養難，郎當舞袖綵衣寬。
佯爲顚仆尊前戲，已獲瞻依膝下安。
詞祝三多人介壽，身膺五福子承歡。
杖朝更喜稱觴日，宴啓蟠桃薦一盤。

254.雛妓 七律一首

娉婷體態十三餘，嬌小溫柔笑語癡。
乍理朱絲彈雅調，初開紅豆解相思。
芳心有約留他日，春色無關待後期。
羅綺叢中香似海，管絃樓上可人兒。

255.雛凰 七律一首

未豐毛羽試飛時，足足鳴聲肯伏雌。
五采祥徵光府第，九苞瑞荐溢門楣。
辨琴異日傳筘譜，柳絮他年咏雪詩。
記取月懷曾入夢，千金喜得兆來儀。

256.題扇 七律一首

金箋勝卻素紈華，竹骨玲瓏比象牙。
一片輕雲頻展卷，半彎新月任橫斜。
佳人攜去尋園蝶，名士拈來弄筆花。
何怨生時逢炎世，竚看化鶴入仙家。

257.歸家感作 七律二首之一

詩報 41 號 1932.8.15

歸來僕僕拂征塵，稚子牽衣笑問頻。
不盡關山雙健足，無邊天地一吟身。
荒涼景物仍依舊，淡薄生涯不改新。
多謝故人相問訊，年年世味覺酸辛。

258.歸家感作 七律二首之二

進退羝羊悞觸藩，前頭事業枉多繁。
閒雲出岫渾無跡，倦鳥歸巢信有痕。
一角亭開新氣象，三弓地闢舊家園。
殷勤甘旨供晨夕，喜慰慈親望倚門。

259.簾影 七律一首

畫樓寂鎖夜迢迢，欲捲人來費折腰。
映水卻教魚怯網，臨風辜負燕穿綃。
夢回紙帳痕初淡，月上紗窗燼未銷。
匝地波紋勾不起，相思又隔一重遙。

260.麗澤小集賦呈諸吟友 七律一首

瀛海詩集 347 頁 1940.12.30

談瀛肯許列仙班，風雨聯吟豈等閒。
即席香留花欲語，題襟句得玉鳴環。
論交詩酒形骸外，結客江湖意氣間。
漫道蟫魚空食字，斯文一線總相關。
註：手稿一作詩題為：麗澤吟社小集束諸吟友。

261.贈學甲吟社李鴻華詞友 七律一首

交游置驛姓名芬，瀟灑襟懷自不群。

甲里花開紅簇錦，蘆溪水漲綠生紋。
情留雞黍三年約，盟作敦槃一日欣。
白戰莫教持寸鐵，騷壇幸未挫孤軍。

262.**鬥雞** 七律三首之一
　　錦翼花冠氣概雄，司晨擅自策奇功。
　　銳尖爪嘴如犀利，破碎頭顱見血紅。
　　迎敵奮身真勇敢，啼聲展翅有威風。
　　天生羽族原同種，抵死何堪戰鬥中。

263.**鬥雞** 七律三首之二
　　生成好勇性剛強，引頸啼聲意氣揚。
　　臨敵那堪頭盡禿，示威偏覺尾頻昂。
　　怒張錦翅何輕鬥，血染花冠亦重傷。
　　是說人家逢此兆，定然有客到廳堂。

264.**鬥雞** 七律三首之三
　　禽中五德舊傳名，繡頸朱冠勇氣生。
　　展翅迫前如索敵，奮身逐後似追兵。
　　東西人未平和決，南北軍仍抵死爭。
　　看汝啼聲揚得意，何因同類更橫行。

265.**護花旛** 七律一首
　　五星日月繪朱旗，廣被群芳惠愛施。
　　一夢繁華窺蝶使，幾番消息報封姨。
　　憐香更把金鈴繫，惜艷還添錦帳披。
　　雨露承恩春婍妮，亞欄干外掛低垂。

266.聽月　七律一首

百尺危樓接上穹，分明聽月月明中。
冰輪轆轆轟天漢，金粟紛紛落太空。
樂奏廣寒音斷續，藥舂玉杵韻丁東。
呢喃知是姮娥語，細細聲聞入耳聰。

267.鶴聲　七律一首

較比松風韻更清，聞皋唳月夜三更。
不知遼海令威駕，疑是緱山子晉笙。
濁世從容雞獨唱，清時慣與鳳偕鳴。
而今地老天荒後，汝也何心發正聲。

三、《草堂詩鈔》五絕類

1.**虹** 五絕二首之一三、《草堂詩鈔》五絕類
　　放光弦貼地，垂彩帶橫空。
　　疑是秦鞭始，橋常染色紅。

2.**虹** 五絕二首之二
　　天腰看出處，朝暮判西東。
　　垂彩安民望，於湯大有功。

四、《草堂詩鈔》五律類

1.屯山積雪 <small>五律一首四、《草堂詩鈔》五律類</small>

知天公玉戲，屯嶺落紛紛。
心苦歌黃竹，眼花訝白雲。
鴉飛明古渡，鴻印冷斜曛。
盈尺豐年瑞，惠連賦早聞。

2.同心帶 <small>五律二首之一</small>

同心環玟瑁，繡帶繫相思。
輕束腰圍瘦，長拖足下垂。
麗粗由結縷，寸尺盡成絲。
情解纏綿處，溫柔漫笑癡。

3.同心帶 <small>五律二首之二</small>

絲縷同心結，低垂繡帶長。
春深籠霧縠，情重曳霓裳。
嬝娜腰圍瘦，娉婷體態香。
新粧須整束，行步自鳴璫。

4.次笑儂述懷原韻 <small>五律一首</small>

羨君風雅士，諳練老成人。
萬卷書爲伴，千竿竹作鄰。

關山雙健足，天地一吟身。
熱血傷時淚，樽前話劫塵。

5.次笑儂感作韻 五律二首之一

同是天涯客，相逢莫問年。
江村三月夜，風雨百花天。
得句偏叉手，長吟又聳肩。
〇〇猿鶴侶，樽酒樂陶然。
註：原稿有缺字。

6.次笑儂感作韻 五律二首之二

夜雨連晨夕，燈前破醉顏。
吟邊閒歲月，愁裡話江山。
世險人情險，時艱道路艱。
烽煙悲隔岸，到處是難關。

7.老鴇 五律四首之一

臉際雞皮似，風情未易描。
鏡臺粧且點，針線引還挑。
束縛憐鶯燕，留歡笑暮朝。
徐娘頭已白，誰與賜桃夭。

8.老鴇 五律四首之二

懶趁高飛志，宣淫性最驕。
統監鶯與燕，引誘狗兼貓。
賣笑忘廉恥，謀生繼夜朝。
雞皮猶鶴髮，鳴徹不平宵。

9.老鴇 五律四首之三

腰來錢樹穩，剩粉亦生嬌。

皮肉營餬口，金銀計帶腰。

培成鶯與燕，款接暮連朝。

將髦芳情在，倚門又客招。

10.老鴇 五律四首之四

三抹雞皮面，娼門作母驕。

黃金開意蕊，白眼絕情苗。

禽性原滔冶，人心最毒饒。

可憐權虐妓，七十念奴嬌。

註：原稿殘闕。

11.村居即景 五律二首之一

四面秧田綠，郊原草似氊。

鶯花開雨後，燕剪度風前。

海水沉殘日，山雲襯晚天。

牛羊歸結隊，縷縷見吹煙。

12.村居即景 五律二首之二

村火紅千點，迴塘水一隈。

鳴蛙聲似鼓，聚蚊吼如雷。

鄉夢三更穩，燈花午夜開。

門敲風急雨，疑是故人來。

13.阿里山曉望 五律二首之一

全島聯吟

輕煙迷曉望，滿目景清新。

雲海連天遠，櫻花遍地春。
峰巒開曙色，鶯燕鬧芳辰。
一眺吟身爽，徘徊放眼頻。

14.**阿里山曉望** 五律二首之二

全島聯吟

曙色來峰外，登高放眼頻。
山櫻花未老，煙樹燕啼春。
十載鴻留跡，千年檜有神。
茫茫雲海闊，代謝變新陳。

15.**孟宗筍** 五律二首之一

竹塢森森茁，芳名誌孟宗。
穿苔凝淚色，破雪帶冰容。
煮炙萱堂奉，香甘客席供。
連山今日盛，孝子錫恩濃。

16.**孟宗筍** 五律二首之二

淚珠拋竹徑，東地長龍孫。
根露無泥跡，芽抽有雪痕。
品珍殊栗棗，味美勝雞豚。
共說貓兒好，誰知孝子恩。

17.**松茂** 五律三首之一

臺南集芸吟社第二期徵詩
祝社長方國琛君令尊五十晉一佳辰

盤根寬得地，老幹欲參天。
雪壓釵千股，煙籠石一拳。

濃陰枝葉茂，餘蔭子孫賢。
別有椿庭宴，懸弧卜鶴年。

18.松茂　五律三首之二

詩報 269 號 1942.4.3

憶自秦封後，滄桑幾變遷。
蒼髯寒雪地，瘦甲凍冰天。
枝葉長垂蔭，兒孫亦象賢。
岡陵添壽算，鶴舞樹千年。

19.松茂　五律三首之三

詩報 269 號 1942.4.3
臺南集芸吟社第二期徵詩
祝社長方國琛君令尊五十晉一佳辰

蒼翠風霜古，經多性不遷。
千年歸鶴舞，萬壑起龍眠。
匝地陰濃厚，參天志益堅。
椿庭開壽宴，樂奏九如篇。

20.花陰　五律二首之一

美人頭未上，鎖翠影籠低。
風細欄移月，春濃馬住蹄。
香招黃犬臥，情與綠章齊。
匝地婆娑態，偏教蛺蝶迷。

21.花陰　五律二首之二

旛痕芳圃外，弄影夕陽西。
疊疊描難盡，重重看自迷。

畫欄交上下，暘谷映高低。
幾度呼童掃，依然印碧谿。

22.春思　五律一首

三月鶯花老，深閨只自珍。
含情羞豆蔻，持節比霜筠。
冷雨鎖魂夜，春風未嫁人。
漫云多吉士，如豆一燈親。

23.祝皇紀二千六百年　五律二首之一

連綿承寶祚，金鵄紀祥符。
物阜皇恩溥，民蘇帝德敷。
萬邦齊獻頌，舉國盡歡呼。
伊獨聯盟日，謳歌達九衢。

24.祝皇紀二千六百年　五律二首之二

皇統連綿繼，昇平藻繪香。
萬邦朝玉帛，一系固金湯。
德播文風振，威揚武運長。
扶桑逢盛典，願誦九如章。

25.徐福　五律一首

五百童男女，孤舟一葉輕。
求仙談不死，採藥術長生。
雲霧迷蓬島，風煙隔帝城。
避秦從此去，海外漸逃名。
註：術長生，一作說長生。

26.桃實 五律一首

瑤池佳果熟，暖氣得春酣。

核小形猶大，漿多味更甘。

仙姬供獻七，臣朔已偷三。

介壽堆盤薦，天倫樂事耽。

27.連理枝 五律一首

連理枝頭上，鶼鶼葉底藏。

同心花欲笑，合抱樹還蒼。

雨露恩情重，風霜歲月長。

根深〇〇〇，偕老〇〇〇。

註：原稿缺字。

28.採藥 五律一首

採藥呼童子，松間老鶴啼。

仙風吹古木，人影照清谿。

春到山容秀，煙橫洞口迷。

手中攜百草，擬欲濟群黎。

29.筆談 五律二首之一

詩報 247 號 1941.5.6

一試毫端銳，何如議論空。

毋庸饒口舌，未許解盲聾。

字句形容裡，文章會意中。

莫教輕置喙，描寫語猶工。

註：手稿一作：
一試毫端銳，何如議論空。
毋庸饒口舌，未許解盲聾。

卻異擒文外，還同對語中。
時乘留記錄，月旦幾奸雄。

30.**筆談** 五律二首之二

詩報 247 號 1941.5.6

一端尖銳化，描寫達情衷。
意會揮毫裡，形容搦管中。
解圍無道韞，徵夢有文通。
未許翻蓮舌，何如語鑿空。
註：意會，一作會意。

31.**詩俠** 五律一首

興觀群怨日，風雅正無邪。
義氣留千古，豪吟擅一家。
雄州添藻思，江左盡才華。
白戰推能手，清新得句加。

32.**詩城** 五律二首之一

一幟標吟壘，縱橫巧運籌。
筆列長蛇陣，才高五鳳樓。
有文堪露布，無字不風流。
也同書萬卷，南面擁諸候。

33.**詩城** 五律二首之二

一幟憑高築，稱雄據姓劉。
探驪知不易，列雉險長〇。
〇〇〇非律，偏師費運籌。
堅聯元白壘，〇〇〇〇〇。

註：原稿殘闕。

34.**新春試筆** 五律一首

頹齡將半百，淪落困風塵。
寒氣忙吹律，香醪醉買春。
花開梅有韻，詩寫句留神。
已過年關險，謀生更刷新。

35.**漁村曙色** 五律一首

蟹火微明裏，清晨爽氣加。
一鉤滄海月，兩岸荻蘆花。
撒網磯頭靜，歸舟渡口譁。
魚蝦無別業，錯落幾人家。

36.**綵衣** 五律四首之一

斑斕裁製異，端合老萊身。
壓線千針巧，斜縫一套新。
花開萱室曉，袖舞玉堂春。
色養供晨夕，娛親戲彩頻。
註：手稿作詩題為：彩衣。

37.**綵衣** 五律四首之二

一著斑斕服，承歡菽水供。
羅裳香套貼，彩袖舞輕鬆。
針線慈親意，蘆花孝子忪。
冰霜留節操，壽比萬年松。
註：手稿作詩題為：彩衣。

38.綵衣 五律四首之三

斑斕輕一著，袖舞畫堂前。
養志貽親悅，承歡得婦賢。
不同縫掖貴，迥異綈袍憐。
織女機絲夜，壽添綵線延。

註：手稿作詩題爲：彩衣。

39.綵衣 五律四首之四

詩報 261 號 1941.12.5

垂老蹣跚態，斑斕試著初。
郎當誇舞袖，潦倒曳長裾。
色養供晨夕，承歡慰起居。
北堂萱草茂，瑞氣溢門閭。

註：手稿作詩題爲：彩衣。

40.踏雪尋梅 五律二首之一

眾芳搖落後，滿地積霜堆。
竹杖尋詩去，芒鞋步雪來。
暗香浮古道，疎影弄蒼苔。
月冷孤山路，吟探處士栽。

41.踏雪尋梅 五律二首之二

爲訪逋仙種，人間何處栽。
雲階寒古道，月地冷蒼苔。
數枝疎影亂，幾點暗香催。
漫天風雪裡，驢背帶吟來。

42.謁聖廟 五律一首

孤島滄桑後，圓山輦路通。

幾時新揀字，是處壯宮墻。

歌莫嗟衰鳳，禮應重朔羊。

低徊無限感，仰止○○○。

註：原稿缺字。

註：低徊，原稿作低徊。

43.藝苑 五律一首

地近詞林處，先賢闢草萊。

山川來景色，花鳥作吟材。

傍有騷壇築，時邀羯皷催。

班香兼宋艷，文運喜重開。

五、《草堂詩鈔》古詩歌行類

1.民國三十四年五月六日亡兒爾民獄中拷死紀念感賦　　　五言詩一首

　　倭寇縱橫日，吾兒繫獄門。

　　三字莫須有，千秋不白冤。

　　精禽填恨海，慘澹地天昏。

　　未報盟軍捷，報兒訃音喧。

　　星霜經五載，檢點血淚痕。

　　白骨關西塚，陰燐竹北村。

　　生前日政犯，死後民族魂。

　　情留雙弟妹，難慰一椿萱。

　　黃篆自註：亡兒爾民於民國三十三年十月被警拘禁，最初拷
　　　　　　打遍體鱗傷，令人不忍目覩。後來押送到新竹，
　　　　　　嚴禁囹圄中，彼此消息斷絕，經過八個月到越年
　　　　　　五月六日，卒報訃音。至此，一塊最憐愛之血肉
　　　　　　已被狼吞虎噬矣！光復後，親到新竹關西塚，查
　　　　　　探亡兒屍體葬處，但荒塚壘壘，無可找尋。

2.溫泉歌　七言詩一首

　　山形八卦氣鍾靈，路轉山腰草木青。

　　坐月樓前聞鳥語，來去遊人結伴侶。

　　山麓氤氳有鑛泉，沸沸引上至山巔。

于今交通誇便利，十丈浮橋鐵線牽。
滿眼瘡痍多污毒，滾滾湯花好入浴。
硫黃水滑浸香肌，地煖翻疑火在池。
清暑驅寒療百病，澆漓世道總難醫。

註：此首有「笑儂次韻」，疑是楊笑儂作品。

3.溫泉歌 曲一首

溫泉好，翻疑浴日池，
山脈地中流鑛質，山形八卦毓靈奇。
花與鳥，鬧到夕陽時，
不見游鱗潛伏處，一泓水滑浸香肌。
湯花沸，體弱倩扶持，
地氣醞釀無污毒，洗罷精神覺不疲，春寒入浴遲。

六、《草堂詩鈔》對聯詩鐘類

1.**文庫** 對聯詩鐘三組之一
　　庫裡蟫魚空食字。
　　文中蝌蚪盡成書。

2.**文庫** 對聯詩鐘三組之二
　　文起江山圖錦綉。
　　庫藏經史載興衰。

3.**文庫** 對聯詩鐘三組之三
　　文成錦綉江山畫。
　　庫貯珠璣字句香。

4.**紅花黃葉** 對聯詩鐘一組

　　紅花滿樹三春雨。
　　黃葉經霜一夜風。

5.**秋思** 對聯詩鐘三組之一
　　山秋一角疏林外。
　　客思孤城落日邊。

6.**秋思** 對聯詩鐘三組之二
　　清秋風月懷玄度。

客思江樓憶仲宣。

7.秋思 <small>對聯詩鐘三組之三</small>
逢秋屢寄還鄉夢。
離思頻牽旅客魂。

8.頂蔦松景陽宮元帥府楹聯 <small>對聯詩鐘一組</small>
景色翻新樣，廟貌巍峩垂萬載。
陽光明普照，神靈顯赫繼千秋。

9.紫雲寺 <small>對聯詩鐘一組</small>
紫竹千竿栽覺岸。
雲帆一片渡迷津。

10.鄉勵冠首 <small>對聯詩鐘三組之一</small>

詩報 275 號 1942.6.5

鄉情旅邸山川異。
勵志寒窗歲月新。

11.鄉勵冠首 <small>對聯詩鐘三組之二</small>

詩報 275 號 1942.6.5

鄉情和洽師兼友。
勵志同心弟與兄。

12.鄉勵冠首 <small>對聯詩鐘三組之三</small>

詩報 275 號 1942.6.5

鄉無不學文風振。
勵有全功國運隆。

13. **無題** 對聯詩鐘一組

好施仁術，橘井泉甘能起死。
生護平民，杏林花放漸回春。

14. **無題** 對聯詩鐘一組

面目殊陽虎。
詩書巨祖龍。

15. **無題** 對聯詩鐘一組

寶儼花榮靈運草。
祝鮀佞媲宋朝姿。

16. **輓聯** 對聯詩鐘一組

挽鹿車相夫一則，生前婦道無虧。
和熊丸教子三人，死後閫儀可範。

七、文　章　類

1.事志齋吟草詩序 序文一篇

詩之起源始於閭巷歌謠之作，當唐虞盛世而民俗尚樸，生活極為簡便，凡有作品盡皆描寫社會實際情形，至於三百篇者為我國詩學之淵藪一經孔子刪定後不但為我國開萬世之詩祖，更為政治史上文學史上放一線大光明也，所謂誦詩三百授之以政，可見詩之價值與政治社會具有密切之關係也。吾台自明末清初時代沈斯庵避居東寧，以去國懷鄉之情緒，尚留忠義氣節，開拓新文化園地，首創東社，同時招集明末遺老，而詩城割據，風騷樹立一軍，堪稱為元音獨唱，永留於蓬壺島上矣。迨至清季大開仕進之路，別以試帖詩體擢取賢士，對於詩學一道，可以稱為盛代文藝，洎乎甲午一役而牛皮割棄，版圖皆非，感先民開拓之寶島已歸屬於日人之手，台民處於五十年間受鐵蹄踐踏之下，經過之痛苦以紙筆難盡形容焉。當時日政府以同化政策撲滅我國之文化，幸得在台之宿儒耆舊提倡維持漢學，勿論通都大邑或窮鄉僻處，密設國文私塾，其中多附設詩學研究會，其有民族之意識者，如風起雲湧，熱烈參加研究，更加三台人士嚮應，到處詩社林立，如雨後春筍。當日政府嚴禁國文教學時，吾摯友大川兄振鐸於雙溪，並力持觳音吟社以一髮千鈞之責，維持國學於不墜，

雖經壓迫力愈大而反抗力愈強，嗣後以不得已之事情淪落
江湖，以一肩吟篋走遍全台，到處會文人訪詩友，寄吟跡
於山水之間，放浪於形骸之外，悠然自得，經抗戰八年之
間，其所堆積之詩稿有數千篇，因戰火連續而行蹤遷移不
定，存稿多半遺失。從光復後移家於汾津，吾兄不但工於
吟詠，又精於醫術，其杏林春滿橘井泉香，而遠近聞名，
皆造門就醫者方不妄處，堪仰爲壽世青囊也，更以夜間設
帳授徒，而鹿洞聽經感春風之化雨，鱣堂講學看桃李之盈
門，蒐其盈篋吟稿係積三十年之心血寧忍付之蟫魚飽食？
此次爲其門人促其付梓，以垂不朽之韻事，遂即付托李君
啓火抄寫成篇，其律絕及古風計有五百餘首，篇中寫情寫
景簡淡古雅，令人百讀不厭。弟與兄多年文字之交遊，爲
師爲友藉以切磋資助，且於其文字間之表現，可想其爲人
潔身自好，具有清高之人格焉。

壬辰重九節　草堂　黃篆瘦峰敬序

2.墓誌文 文章一篇

　　事不在奇，有爲則能，人不在智，有道則名，得失
無定，成敗死生，氣得鍾靈地，化身入佳城。吾生於亂
世，末葉滿清，乾坤板蕩，甲午戰爭，馬關和議，割棄
台澎，日本統治，民不聊生。憶初年失怙，寡母養成，
既無姊妹，復無弟兄，零丁孤苦，子立煢煢。晨夕奉養，
辛苦謀生，難圖寸志，無路請纓。至於光復後，任教心
誠，北港農校，擔任課程，計有六載，功績無成，厥辭
其職。知難易行，歷任鄉長，星霜八更，多年執政，孚
合民情，花甲隱退，蓄意躬耕，舊病重起，瘦骨嶒嵸，

自知不久餘生，撰此墓誌，遺子孫刻石留名。

黃篆　瘦峰撰

　陽孝男：爾璇，博儒。陽孝孫：適伍，芳玢，芳儀建立

註：歷任鄉長，事實上只有二任六年。所云八年據其哲嗣黃
　　博儒先生告知乃老先生之誤記也。

八、書信類

1.致林友笛先生書信 信札一封

友笛襟兄如晤：

　　弟自十六日往北，於匆率之間，未遑到府拜詢臺北召開全島詩會之地點及期日，弟以北地人地生疏，無從詢悉，依　弟揣定大概是否青年節能開催乎？若照弟之所揣測無錯者，順此機會可得參加，否則就整裝留里，祈襟兄以二十九日以前，賜函示知，隨函寄郵票一張，接信後，即速賜復。順祝

吟安。

　　　　　　　　　　　　　　　　　　　篆脫帽

　　　　　　　　　　　　　　　　五十八年三月二十日

九、祭文類

1.祭洪大川之父洪翁先生 弔辭一篇

　　維中華民國三十九年十月二十五日，佺為鄉勵吟社代表，敬備芹香果品及青芻一束，致祭於洪翁老伯父之靈曰：伯父生長於農村，世守家業，務農為本；雖遇暴風疾雨，亦不辭足手胼胝之勞作。且以清儉家風，樸素自守，在鄉黨尚孝悌，處社會重和平，不以智謀取巧，慣以忠誠待人。當抗戰時期，吾台農村之不景氣，農民之疲弊，更加日政之苛求，茹苦含辛，以紙筆難盡形容矣！如老伯父能擔任重責，領導兒子，以忍勞耐苦克服時艱，誠具有堅強之毅力也。自光復後，以珍重之玉體，積勞成疾，而日月驅馳漸覺老軀衰弱，於今春因令嫡孫子周新婚，得能登堂拜瞻仙範，雖仙體消瘦而精神尚健，詎料近日聞伯父稍染微疾，佺未曾過府問安，竟溘然長逝，而緊急之訃音已傳到安仁醫院矣！嗚呼夢成千古，難尋漆園蝶化，身入九原，更聞華表鶴歸，無奈愁雨愁雲，望山川之失色，應知芻靈芻狗，以天地為不仁。此次老伯父之永別，令人想不到如此之速焉，使吾等之酸淚奪眶流出。維念伯父生前以勤儉治家，嚴格教子，令嗣大川兄儒雅風度，善詩文，能醫卜，到處傳播芳名，佺與令嗣有二十多年之文字交遊，情同骨肉，以老伯父之

哀，宛如四十年前亡父之哀，撫今追昔，而太上亦難以忘情也。今伯父享壽古稀，尚齒尚德，留為社會美談，是父是子永繼門第繁昌，而祭盡其禮，喪盡其哀，應具有人子之情摯也！今逢天氣清朗，應兆吉葬之辰，而素車白馬庭多吊客，斗酒隻雞，詩寫招魂，姪忝在世誼，無以盛祭，自知才拙，僅獻俚言泣讀，尚祈神靈鑒享。尚饗！

北港初農　瘦峰淚撰
中華民國三十九年農曆十月二十五日

2.祭郭井先生 弔辭一篇

維中華民國五十年二月二十四日，以井兄出殯佳辰，覩靈旛之飄揚，仰愁雲之密佈，不盡悲哀之情緒。茲以舉行告別式，弟為芸友，更兼姻誼，謹具芹香果品、青翦一束，致祭於　郭府井兄之靈次曰：芒寒珠斗，悲風捲嚴壑之煙，光掩少微，宿霧暗雲霞之彩。嗚呼！藏舟亡壑，漆吏興悲，琴絕絃摧，子猷動地。維念窗兄生長於農村，奕代務農，雖過暴風疾雨，亦不辭手足胼胝之勞，且以勤儉家風，樸素自守，在鄉黨尚孝悌，處社會重和平，不以智謀取巧，慣以忠誠待人，當抗戰時期，農村之不景氣，農民之疲弊，更加日政府之苛求，茹苦含辛，難盡其形容矣！如吾兄能擔任重責，領導兒子忍勞耐苦，克服時艱，誠具有堅強之毅力也。回憶四十年前芸窗為友，車笠示盟，情同骨肉，而晨夕過從，往來無忌，嗣後以職業上之關係，暫為分道揚鑣，而交遊之情份尚在。自光復後，以珍重之玉體，積勞成疾，而日

月驅馳,漸覺老軀衰弱。於去年春　弟卸任歸梓,於風雨晦朔,日相覿面,溫舊情之促膝,痛時事之談心,不勝今是昨非之感,雖仙體消瘦,而精神尚健。憶本月十四日夜,在寒舍閒談片刻,越日,得聞舊疾重發,於驚疑之間,偕立郡到府請安,即知病勢危篤,覺大限之已到,金丹難駐芳顏,詎料於十九日中午竟溘然長逝,而緊急之訃音,到處傳聞矣!嗚呼!稽叔夜山陽之笛,聞而興悲;謝太傅西州之門,過之下淚。隻雞斗酒,難挽地下修文,白馬素車,徒使人間負痛。更聞淒風四起,無奈愁雨愁雲,寒烏亂噪,應知羢靈羢狗。此次老兄台之永別,令人想不到如此之速也,使吾等酸淚奪眶流出。維念老兄台生前以勤儉治家,嚴格教子:令嗣郭備、知批等四人在朴子經營布行及洋品店,成為商場巨擘,聲名遠播。更有秋元等二人在故鄉專事農業,繼祖先之遺訓,可以農商並興,振起汾陽家風,未可限量也。　弟與老兄台有五十年之交誼,撫今追昔,而太上亦難以忘情也,從此陰陽永隔,音容難覿,茲以老兄台享壽六七,尚齒尚德,留為社會美談,是父是子,永繼門第繁昌。而祭盡其禮,喪盡其哀,應具有人子之情摯也。今逢天氣晴朗,應兆吉葬之佳辰。而瞻睇靈幃,門多弔客,蒿歌薤露,詩寫招魂。　弟忝在姻誼,無以盛祭,謹獻俚言泣讀,伏乞神靈鑒享。嗚呼哀哉,尚饗!

黃篆泣讀

中華民國五十年二月二十四日

十、其他相關資料

王東燁（槐庭）

1.和黃瘦峰詞兄歲暮吟原玉 七律一首 王東燁

年來賴事欲閒心，今日偏逢索句人。

花以春秋分早晚，人因才命各升沉。

淡交筆墨情還重，消遣琴詩意倍深。

富貴俗朋成骨肉，貧寒方得見知音。

註：王東燁（1893-1982），字槐庭，號季琮，福建泉州人，生
於雲林北港，爲北港汾津吟社創始人之一，生平可參考
《王東燁槐庭詩草》一書。

李冠三

1.敬次瘦峰君旅次感作芳韻 七律四首之一 李冠三

海陬僻處寄吟身，寂寞他鄉值暮春。

楚璞三投無賞識，蘇裘一敝已成貧。

翻雲覆雨雖多事，入地升天自有因。

社會於今陰翳滿，重重黑幕認難真。

2.敬次瘦峰君旅次感作芳韻 七律四首之二 李冠三

風雨淒淒白日昏，客中心事有誰捫。

耳邊不聽鄉音語，枕上頻驚蝶夢魂。

極目枌榆猶隔地，勞形詩酒且傾樽。

茫茫濁世強權甚，公理何人可共存。

3.敬次瘦峰君旅次感作芳韻 七律四首之三　李冠三

回首鄉山思悄然，南來汾水恨重牽。

凌霄願作雲間鶴，易地難求意外錢。

作客未除豪士氣，辭家曾記黸陽天。

三更夢醒無聊甚，耳底何堪聽杜鵑。

4.敬次瘦峰君旅次感作芳韻 七律四首之四　李冠三

案頭兀兀坐窮年，志願難酬精衛填。

抑欝心懷惟自覺，飄零身世有誰憐。

深山有木難棲鳥，大地無糧更食羶。

回首雲霾迷眼界，死灰何日可重燃。

註：李冠三（1875?-1936）。日治時期，曾設帳雲嘉地區，晚

　年擔

　任汾津吟社、鄉勵吟社之顧問。

李清水

1.祝黃瘦峰詞兄當選鄉長 七律一首　李清水

詩文之友 3 卷 4 期 1955.2.1

曾經月旦慕芳箋，當選真能合眾心。

自是才高人景仰，還兼學博德堪欽。

一鄉有賴施仁政，十里無私作雨霖。

從此執刀憑主宰，水林福澤惠民深。

註：李清水（1930-1994），字岳峰，又字玉川、育賢、清文，
　　號星波，別號江湖散人，雲林口湖鄉人。日治時期公學
　　校畢業，光復後中學畢業，參加鄉勵吟社，並於 1967 年
　　任雲林詩人聯吟會總幹事，後加入台北天籟吟社、瀛社。

林　榮（友笛）

1.次黃瘦峰君重遊岱江瑤韻 七律一首　林友笛

高軒又見賦清遊，回首聯吟歲一周。
偶讀佳章添藻思，欣知傲骨尚風流。
縱談不倦多明日，遣興偏教感暮秋。
喜共巴山重話雨，漫將別淚灑江頭。

2.次黃瘦峰君過訪見贈韻 七律一首　林友笛

詩報 42 號 1932.9.1

何幸芳齊迓大賢，新詩逸韻聳吟肩。
未探二酉山中秘，已訂三生石上緣。
白鳥無知妨白戰，青燈有意會青年。
清談不倦編成趣，忘卻雞聲到枕邊。

3.致黃篆先生書信 信札一封　林友笛

瘦峰襟賢弟如面：
　　　來函領悉，所詢己酉全國詩人聯吟大會日期確系
青年佳節無錯，其地點為臺北市敦化北路三號，民眾
團體活動中心禮堂（臺灣電視公司對面）。兄以路途遙
遠兼之祖墓移葬工未告竣，未便參加，賢弟現滯臺北
恰為好機，應于出席以助吟興，是此以復。並候
吟安。

4.祭黃母陳太夫人 弔辭一篇 林友笛 1971 年

維中華民國六十年辛亥之歲，孟秋之月，己卯之日，為故黃母陳太夫人轉柩之靈辰，謹以青蒭一束，心香一瓣，致祭於靈前。曰：嗚呼！福壽康寧，固人之所同欲，死亡疾病，亦人所不能無，誠哉是言乎。是以人生孰不死，但當得其時，如太夫人者，敢謂死得其時乎。夫人賦性聰惠，事親至孝，自適黃門，相夫以敬，黃篆先生，博古通今，設帳受徒，桃李滿門，歷任水林鄉鄉長兩屆，頗得民望。而夫人截髮迎賓，饒有陶侃母之風，和丸教子，顯有仲郢母之賢，令哲爾璇先生，國立政治大學政治研究博士課程結業後，曾任中央信託副科長之要職，於民國五十九年獲日本政府獎學金，在東京大學研究深造，媳婦靜淑現在三井物產株式會社台北支店服務；博儒台灣省立台中師專畢業後，歷任中興蔦松國民小學、四湖國民中學教員，現任飛沙分部主任，媳婦愛玲，教員檢定合格後，隨夫博儒歷任該校教員；其餘孫輩，或肄業於小學。曄曄香蘭，森森玉筍，門楣之盛，為遐邇之所共仰，苟非夫人之善教，又焉能以至於斯乎。正擬享受歲月之閒，消受人間之福，以樂天年，那知天不假壽，偶為造化小兒所苦，便成不治之症，雖令郎等四處延醫服藥，以期早占勿藥，那知命本有數，良醫束手，藥石無功，痛於古曆六月二十八日享古稀晉一之高齡，撒手西歸，壽終內寢，豈不哀哉。叨哉戚友之誼，到此寧無一言，以弔之乎？爰是不揣劣陋，卒成蕪詞，聊表弔意，靈其有知，來鑒我思，嗚呼哀哉。

尚饗！

民國六十年八月二十二日　陽愚林友笛　拜輓

註：林友笛（1893-1984），即林榮，號友笛，朴子人。朴子公學
　　校畢業，曾服務布袋庄役場、四湖庄役場。因嗜茶好笛，舉
　　座皆歡。林氏詩作清麗自然，詩作達 1500 首左右，雜文、南
　　北管皆佳，是台灣文學中頗具特色的全方位文人。著作參見
　　《林友笛詩文集》。

邱　謨（水謨）

1. 步黃瘦峰詞兄步寒吟原韻 七律一首　邱水謨

邱水謨《春雨軒吟集》

　　未酬題柱老雄心，怕聽泥中蠖屈吟。
　　梅鶴孤山情欵恰，鷺鷗人海感浮沉。
　　參天翠柏風霜古，拜歲香蘭氣味深。
　　擬欲消愁謀一醉，待他春訊報佳音。

2. 春日訪黃瘦峰詞兄感作 七律一首　邱水謨

邱水謨《春雨軒吟集》

　　風塵百煉健吟身，片刻輪蹄訪故人。
　　梨雨乍晴鶯出谷，庭花閒落燕啼春。
　　河山破碎形猶舊，歲月蹉跎景換新。
　　幸喜蘭齋同聚首，滄桑話到轉傷神。

註：邱謨（1910-1984）字水謨，以字行。又字雲雄，號聽濤
　　生。邱水謨曾拜李西端為師，習漢文。後，獻身國小教
　　育。24 歲時與黃篆、曾人杰等創立鄉勵吟社。

洪大川（龍波）

1.和瘦峰兄歲寒吟原韻 七律一首 洪大川

《事志齋吟草》卷一

閶闔千門兩樣心，幾回抱膝幾低吟。

請纓路越知無分，據坫風流痛欲沉。

慎惋五刑章具赫，倒憐三刺訊難深。

釣綱何處探莘野，莫詫鴻鵬久斷音。

2.處暑前一日與顯昇瘦峰國賜諸友車中偶作呈芾亭詞兄

七絕四首之一 洪大川

《事志齋吟草後集》卷三

崙陽轉轂向南津，一路田禾綠乍勻。

別有蔗區分界處，成群婦女耐農辛。

註：芾亭即嘉義朱芾亭。

3.處暑前一日與顯昇瘦峰國賜諸友車中偶作呈芾亭詞兄

七絕四首之二 洪大川

新港停車又轉輪，芸田幾許耐勞人。

西風亦覺風流性，挑動娃兒兩鬢巾。

4.處暑前一日與顯昇瘦峰國賜諸友車中偶作呈芾亭詞兄

七絕四首之三 洪大川

菜公過後稻還多，漠漠田疇似織羅。

更愛斜飛雙白鷺，悠悠然處聽耕歌。

5. 處暑前一日與顯昇瘦峰國賜諸友車中偶作呈芾亭詞兄
七絕四首之四　洪大川

斗山麓外又牛溪，溪水環流卻向西。
數頃稻田連蔗境，一畦高傍一畦低。

6. 敬悼瘦峰詞兄千古
對聯詩鐘一組　洪大川

瘦竹本貞姿，詎意三冬嗟勁隕。
峰巒曾聳秀，何期一夕痛顛頹。

陽愚弟　洪大川揮淚拜輓

7. 敬輓黃媽陳太孺人千古
七律一首　洪大川

計音齎到月黃昏，愴我題詩檢淚痕。
今日四湖徵克媲，儘教師友共招魂。
謫落塵寰七一秋，榮夫訓子耀書樓。
可憐不疾成千古，空使鬢中共淚流。

民國六十年八月廿二日　洪大川揮淚拜輓

案：即輓黃篆先生之夫人，陳卻世女士。

註：洪大川（1907-1984），出生於嘉義新港。他自幼刻苦力學，遍讀百家，善卜，精研中醫，曾拜林維朝為師，19歲設帳於蕃薯寮。1951年在北港朝天宮懸壺濟世。洪氏為北港汾津吟社健將，也曾遊走四方，作品極富，著有《事志齋詩文集》、《汾南書塾記事珠》等。

張　啟（清輝）

1. 同黃瘦峰夫子赴高雄拜訪許君山先生賦呈並祈斧正
七律一首　張啟

詩文之友 1 卷 6 期 1953.10.1

追師驥尾赴南來，今日相逢笑口開。
高洪鷺鷗欣結契，門庭桃李善栽培。
談心且莫分賓主，促膝何妨酌酒杯。
遙望陸橋煙景好，吟情長繫鼓山隈。

2.春日感懷 七絕一首 張啓

報 243 號 1941.3.2

海棠春睡雨初晴，燕語鶯啼惹恨生。
惆悵曉窗人未起，絕無好夢到功名。

曾人傑（仁杰）

1.次韻奉酬瘦峰詞兄 七律一首 曾人傑

曾人傑《金湖吟草》

擬向吟壇共賦詩，愁風孤負半年遲。
許多花月如今日，無有江山似昔時。
名姓君應留簡籍，文章我尚識毛皮。
邇來每欲彈馮鋏，歸隱林泉避故知。

2.感懷寄答黃瘦峰詞兄 七律一首 曾人傑

曾人傑《金湖吟草》

鬱勃騷懷萬斛愁，裁詩聊寄老江洲。
諳來世味情猶薄，語到時艱淚欲流。
無奈嗟麟兼嘆鳳，好憑狎鷺與盟鷗。
他年旗鼓重興日，鄒魯文風振海陬。

註：曾人傑（1907-1960），本名金庇，字仁杰、人傑、仁傑、
師魯，號金湖逸民，雲林口湖鄉金湖人。曾氏有人岸、

人輝、人羅三位弟弟。曾投師於求得軒李西端帳下，攻讀漢文。1933 年創設鄉勵吟社並擔任第一任社長。後執教金湖國小，轉任口湖鄉公所。著有《金湖吟草》，惟存詩不多。

黃傳心（劍堂）

1.敬次瘦峰瑤韻　七律一首　黃傳心

繡虎高才久著名，筆花開處盡含英。

蒙君柳眼逢春展，慰我葵心向日傾。

翰墨相期成石友，文章未必誤書生。

即今海內知音少，肯否拈香共証盟。

註：黃傳心（1895-1979），原名黃法，字劍堂，又字傳心，以字行世，東石人。黃氏精於詩、詞、書法，日治時期設帳四方，晚年歸隱朴子，任雅吟社顧問。

楊笑儂

1.次黃瘦峰重遊袋江瑤韻　七律一首　楊笑儂

閒向沙邊話釣遊，西風搖落歲將周。

也須蓮社心同證，漫把新亭淚對流。

人愛幽蘭空谷友，情牽叢桂小山秋。

江淹才盡君休笑，老我詞壇欲白頭。

2.述懷　五律一首　楊笑儂

守分無他想，村居作野人。

燒丹勞健僕，買酒託諸鄰。

駑馬雙蹄鐵，孤舟一葉身。

數奇雖有命，未肯悔風塵。

註：楊樹德（1897-1982），號笑儂，又號嘯農，彰化市人。畢
　　業於台北醫事學校，曾執業於布袋過溝樹德醫院，後為
　　彰化縣衛生所主任。曾與賴和等創應社詩社，並參加彰
　　化聲社等吟社，著有《白沙詩草》。

十一、附　錄

蕃薯厝瘦峰軒徵詩
題目：鬥雞
詞宗：李冠三先生選
詩報 76 號 1934.3.1

1.鬥雞 七律一首　王則修

高冠愛戴氣熊熊，百戰居然武士風。
敵愾何知頭盡禿，示威不怕血流紅。
生成敢死靈禽勇，一例狂奔走狗功。
怪底子安曾作檄，鼓他人世決雌雄。

2.鬥雞 七律一首　陳子春

錦羽丹冠五德俱，英雄對峙勢偏殊。
漫嗤十日猶如木，不待廿年足沼吳。
豈願餒心呼負負，任憑拍手祝朱朱。
聞聲已渡秦關客，茅店更深走野狐。

3.鬥雞 七律一首　劉汝清

養其金德術無窮，紀渻當年應有功。
交趾獻來長距健，唐宮索盡大冠雄。
奉光好鬥逢宣帝，州綽先鳴媚晉公。
邱氏季平誇且銜，羊溝魁帥畏狸紅。

4.鬥雞 七律一首　沈梅岩

只緣情眷祝翁深，角逐長安任縱擒。
覩汝霸圖能倔起，鼓人壯志不銷沉。
德全默默身如木，威大揚揚距是金。
倘使越王逢此日，式蛙定更式靈禽。

5.鬥雞 七律一首　王慶雲

生成好勇性剛強，引頸啼聲志遠揚。
臨敵那驚頭盡禿，示威偏覺氣頻昂。
怒張錦翅何輕鬥，血染花冠亦重傷。
聞說人家逢此兆，定然有客到廳堂。

6.鬥雞 七律一首　歐陽君瑞

居然對壘逞威風，愛戴高冠殺氣沖。
日午庭前施號令，春深花下決雌雄。
即看沒羽當頭白，也似交鋒戰血紅。
人世黨爭猶未息，怪他禽類尙圖功。

7.鬥雞 七律一首　陳元亨

雄冠鐵爪態剛強，待敵先將兩翼張。
好勝進前真勇敢，難持退後尙威風。
人誇五德能無愧，我道三時不失常。
振翮昂頭鳴得意，凱歌一唱韻悠揚。

8.鬥雞 七律一首　羅南溪

剛強靈性羽毛豐，決勝爭能拚力攻。
高躍一身常皷勇，平搖兩翅獨稱雄。
壯心寧奮慒夫志，猛勢應揚國士風。

大惜忍將同類虐，羈身何日脫牢籠。

9.**鬥雞** 七律一首 陳文石
禁苑曾經治一坊，不堪同類苦相傷。
高冠矯距誇威勇，短尾張瞋視激昂。
舞起中宵聞祖逖，養潛盛氣愛齊王。
人家好勝貪娛樂，爾竟無知漫自戕。

10.**鬥雞** 七律一首 梁盛文
擊憑爪嘴怒生睛，衝上花冠孰敢攖。
爭為兩雄難並立，美稱五德也橫行。
疾前每博三郎重，勇退休教亞子輕。
大敵當頭禽亦奮，愧人無志請從征。

11.**鬥雞** 七律一首 王則修
高冠矗起見隆隆，生性驕矜好自雄。
搏距回旋真勇敢，縱身擊啄逞威風。
居然對舞項樊似，髩鬚爭鋒楚漢同。
莫笑羽毛零落盡，當今武士白頭翁。

12.**鬥雞** 七律一首 陳文石
聲名早著蜀郊東，展翅張瞋頭血紅。
同類相殘豪勿逞，空群好勇勢終強。
塗膏敢詡羊溝異，養木猶傳紀渻功。
末技漫應隨走狗，司晨有職足稱雄。

13.**鬥雞** 七律一首 周玉亭
錦翅花冠氣概雄，司晨擅自策奇功。

銳尖爪嘴如犀利，破碎頭顱見血紅。
迎敵奮身無退縮，啼聲展翅有威風。
天生羽族原同種，抵死何堪戰鬥中。

14.鬥雞　七律一首　郭茂松

崢嶸金距競相敲，狼顧悠然勢力交。
敵為不容同啄黍，戰因欲迫佔栖茅。
昂頭對陣威猶甚，鼓翅遙迎怒未拋。
縱學談玄宋窗下，何將決勝唱膠膠。

15.鬥雞　七律一首　陳子春

大息名成五德禽，為人鬥力益千金。
羽豐莫展高飛志，距利偏多好勝心。
但博笑揚聲哈哈，孰憐茅店夢沉沉。
待看塒下身俱困，籬外狐狸著意深。

草堂詩鈔

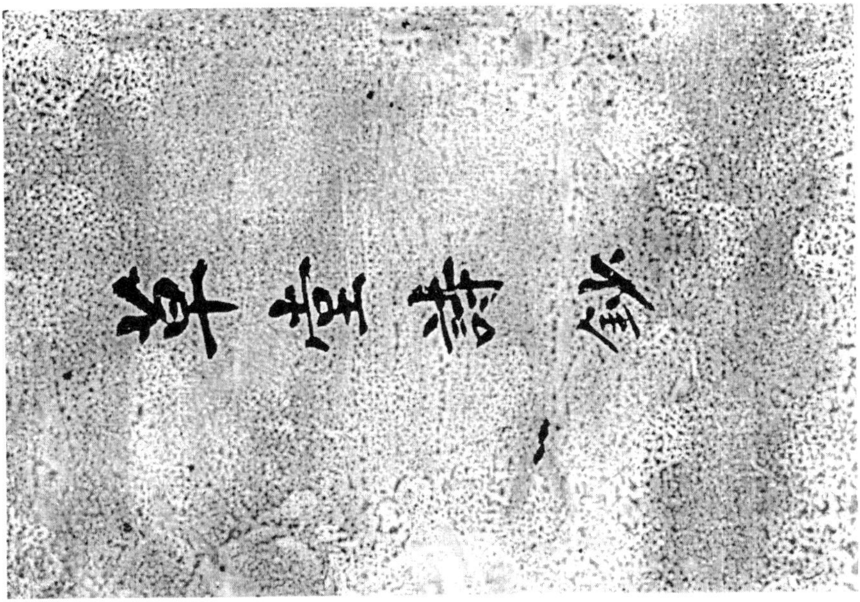
草堂詩鈔
一

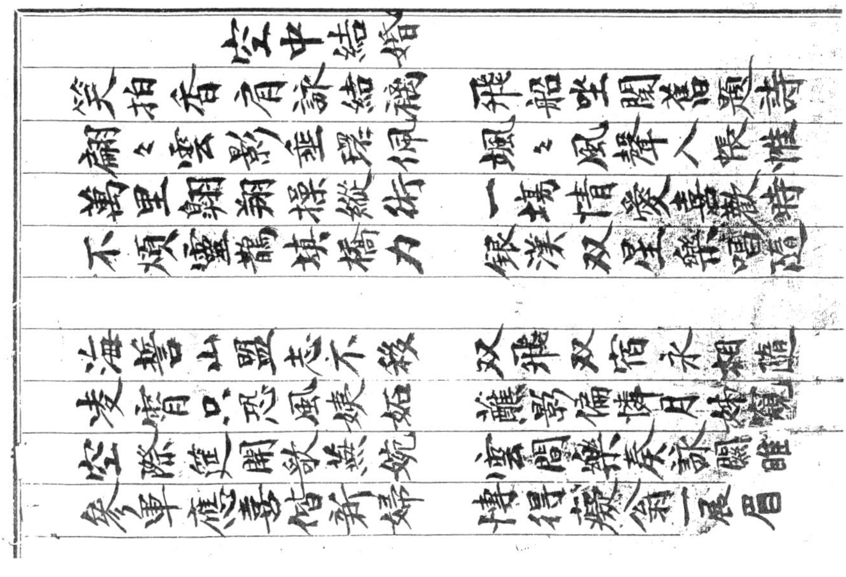

中洲觀釣（在高雄縣旗後海岸線邊是一處釣漁村）

一竿煙雨老嚴光　躍影江干無更長
把釣漫牵生活線　垂綸不引利名纏
蘆花風軟中洲月　海藻浪翻小港魴
滿眼波濤千萬頃　片帆斜掛暮雲張

備註　在旗後海岸線邊的小港產有名魴魚故云

玉峰山接天寺落成紀念徵詩

結構莊嚴氣象雄　玉峰高聳勢摩空
七重寶樹環精舍　一片慈雲護梵宮
塔影斜連山嶂外　鐘聲遠隔雨煙中
天開旭日添輪奐　香火春秋佛法宗

同題

接天山寺勢崔嵬　識語碑文認刼灰
世界三千開梵宇　因緣十二證蓮臺
慈帆壓雪迷津渡　紫竹干霄覺岸栽
結構莊嚴金布地　皈依佛法息輪回

婚牘

掌判人間配偶緣　勞形月下檢殘編
畫添鸞鳳簽庚帖　譜訂鴛鴦付版權
蓬島書傳青鳥使　藍橋路遇玉京仙
封緘密寫真珠字　願以周南第一篇

婚牘

編修月老不糊塗　司判人間配偶俱
莫把情書篇幅限　豈真艷史版權無
牙籤重檢鴛鴦譜　粉本輕描蛺蝶圖
一段良緣傳米市　花鈿貼鬢認奚殊

蒲劍

懸腰未敢入沙場　依例人間掛戶傍
小試奚堪誇巨闕　大名差可擬干將
簷前戰雨青鋒銳　水面翻風綠蓋長
身世漫將輕草莽　辟邪我愛掛端陽

同盟酒

騷壇敦槃聚名流　甕底藏春借婦謀
玉笥班聯敦摯友　金蘭譜訂締吟儔
盍簪盡許千回醉　把盞能消萬斛愁
囓臂漫將頻反汗　相逢車笠敘交遊

其二

麗澤相資仗友生　金蘭為譜酒為名
盍簪更愛分賓主　把盞聯歡序弟兄
未許是耽防亂性　差堪小酌亦陶情
春風觴咏能敦睦　那管炎凉幾變更

壽萱

協卜宜男草色妍　北堂培植已多年
迴欄綠漲三春雨　繞砌香添五月天
能使忘憂莖葉茂　永留餘蔭子孫賢
庭蘭別有徵祥瑞　寶婺光分照綺筵

桃實

瑤池佳果熟　暖氣得春酣　核小形猶大
駢多味更甘　仙姬供献七　臣朔已偷三
介壽堆盤薦　天倫樂事眈

壽詩

松茂

憶自秦封後　滄桑幾變遷　蒼髯寒雪地
瘦甲凍水天　枝葉長垂蔭　兒孫亦象賢
罔陵添壽算　鶴舞樹千年

其二

蒼翠風霜古　經冬性不遷　千年歸鶴舞
萬壑起龍眠　匝地陰濃厚　參天志益堅
椿庭開壽宴　樂奏九如篇

彩衣

其二

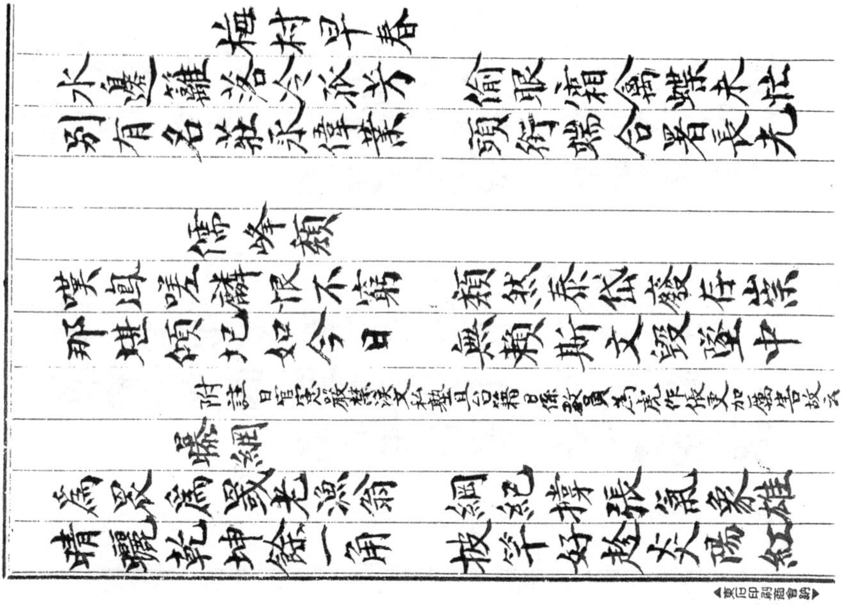

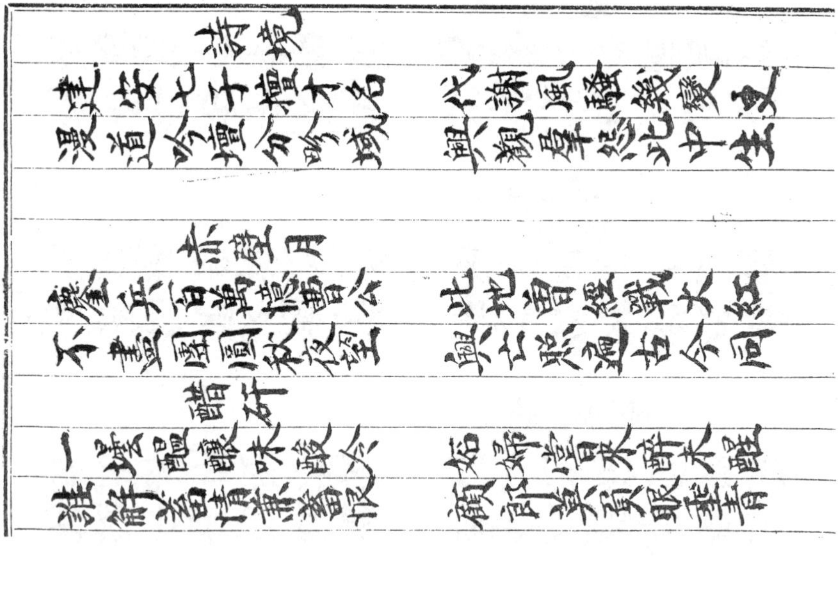

借酒

半樽未解劉伶渴　一滴難沽阮籍貧
奚顧言辭窮又拙　提壺謀取隔鄰人

借書

汗牛充棟古今書　莫怪士安癖未除
耶假數函供閱覽　好將雪案補三餘

聞笛

梅花落奏韻參差　按譜聽來動遠思
我愧倚樓無妙句　長沙遷客和新詩

詩囊

收來心血化珠璣　錐處箇中與世違
羞並飯囊同器重　儘教滿貯不療飢

屠蘇酒

酒債尋常無處無　買春況復買屠蘇
年去年來都休問　終日昏昏醉一壺

心鏡

豈為纖塵垢弗清　磨來世事自光明
能虛可比唐三鑑　不照妍媸照七情

新竹笋

冬春佳饌佐盤餐　舊淚痕留憶孟宗
點雪未窺青籜解　凍雷已破碧苔封
枝梢異日來棲鳳　作杖他年待化龍
更愛千竿形个字　知君能幹自成胸

荷錢

青浮銖影濯清漣　沽酒謀難借十千
漢女攤時纖手數　湘妃串處細腰纏
南湖巧鑄三更雨　北渚平鋪五月天
萬選莫誇盈積富　鑽營人擬鴨頭穿

有感

參差塵事怕田頭　鑄鐵終成錯九州
嗜酒人偏爲酒困　耽詩我慣作詩囚
往來足似無根草　去就身如不繫舟
十載征鴻留蹤跡　生涯寥落冷於秋

擇婦

坤柔應許配乾剛　美選良緣一段香
巾幗漫將誇婦女　鬚眉還把重才郎
人稱四德能無愧　我道三從不失常
禮教家庭都守舊　論婚門戶亦相當

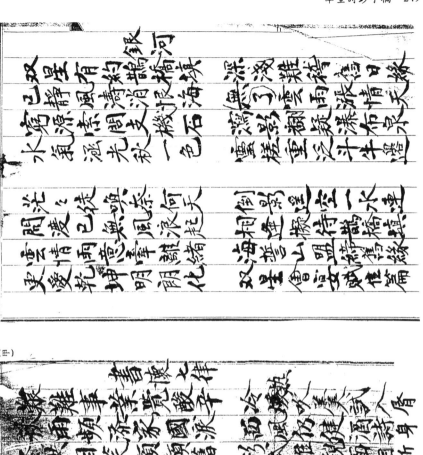

抗磨已試三燒玉　十年軀免空勞
靜裡生涯愁冷落　鬧中意氣自消
歸耕未必全身計　話到桑麻感不禁
心血屑潮怨不平　論交端讓孔方兄
不從勢位誇聲價　且與屠沽混姓名
偃命蹇命途憐李廣　蹉跎身世感蘭成
何時塵網長抛得　結識禪門物外情

劍胆　汝安徵　蔡瑩

鋒鋩誰把贈英雄　殺賊誅奸見義忠
三尺光芒歆斫地　七星文煥氣橫空
塗肝鼓鑄丹田內　瀝血磨礱臟腑中
漫說解牛同銳利　沙場百戰立奇功

廣寒宮

玉宇冰輪照大千　此間仙府建何年
曾聞天寶經遊後　已被姮娥竊佔先
隱約樓台風雨夜　玲瓏宮殿雪霜天
幽處　斫樹吳剛是謫仙

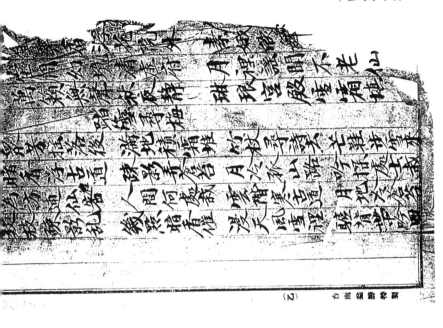

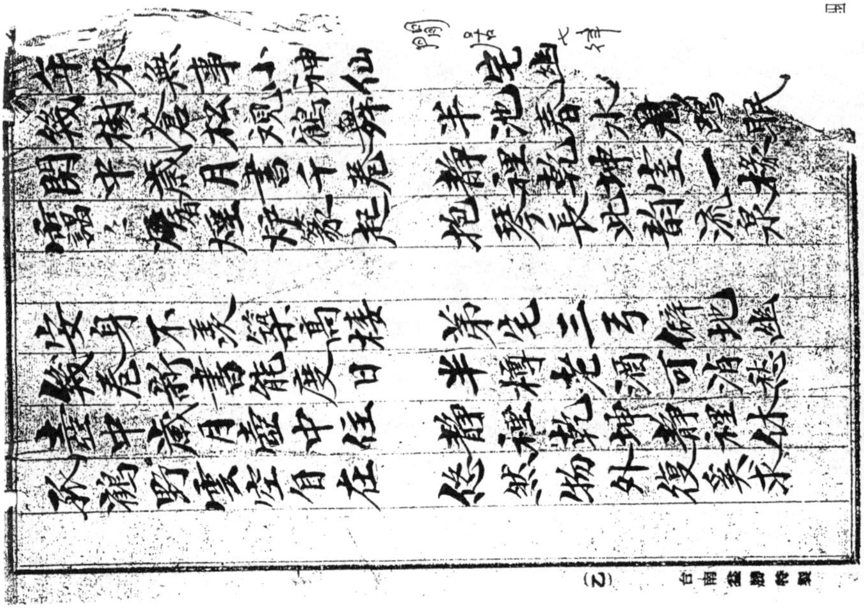

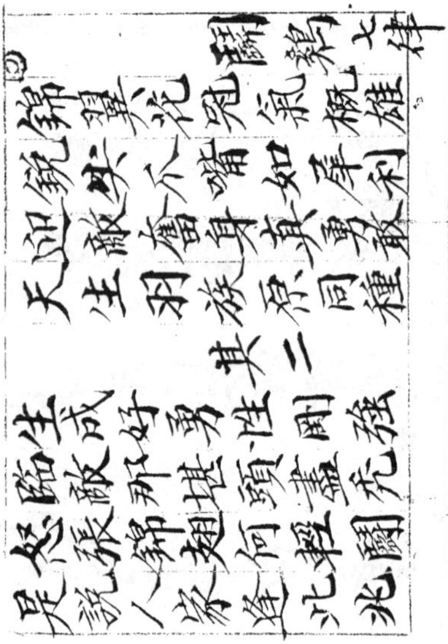

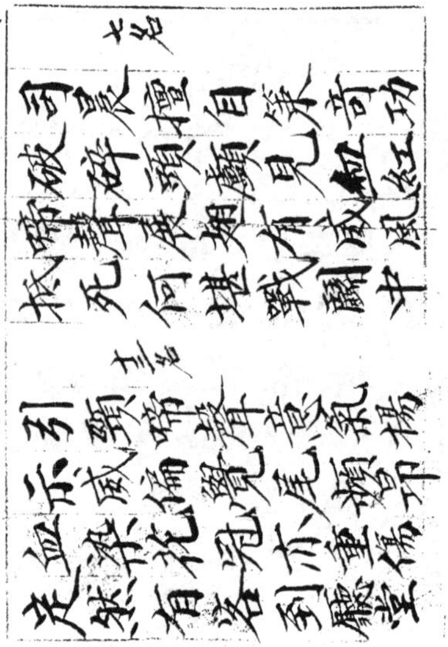

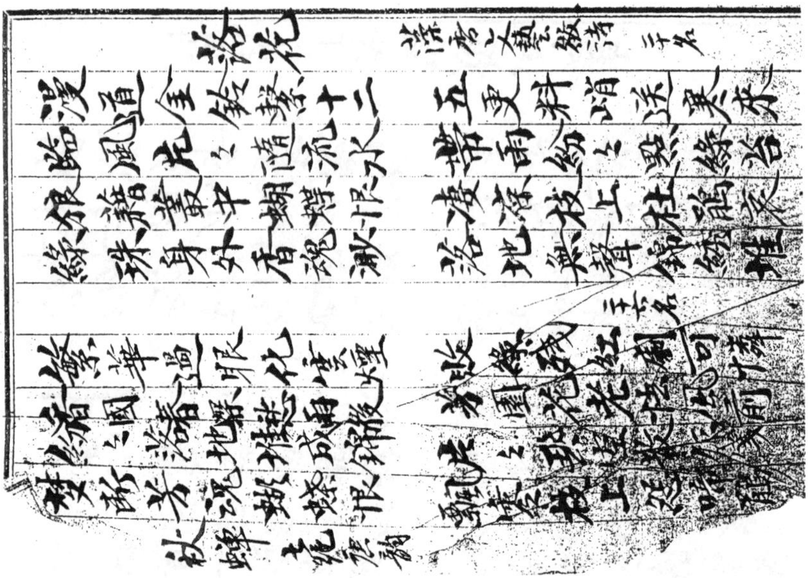

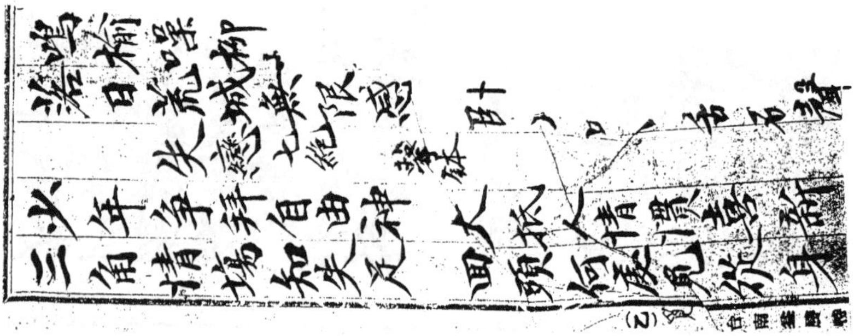

漁歌 七绝

一竿一笠雨瀟々　万里頃煙波棹短橈
互把口琴歌水調　歸舟晚唱海門潮

歸帆落日晚來潮　唱徹秋江棹短橈
萬里煙波名釣客　滄浪濯足水迢々

詩城

一幟標吟壘　縱橫巧運籌　筆列長蛇陣　才高五棲鳳
有文堪露布　無字不飄流　也用書萬卷　南面擁諸侯
一幟憑高築　稱雄拋姓劉　探驪知不易　列雉險長
非律　偏師貴運籌　壁聯元白壘　丘之一

麥浪　擊鉢

黃雲十里麥翻風　秀起文瀾氣象雄
不見中流人擊楫　秋針織雨翠浮空

匝地黃雲四月秋　翻風作浪接平疇
行來不見漁舟渡　一片波紋秀隴頭

敬和笑儂先生夜話瑤韵

為訪名流載酒過　樽前慷慨共悲歌
傷時工部吟懷壯　感舊司勳綺恨多
半榻茶煙香嫋娜　一鉤簾月影婆娑
仙壇喜聽談瀛事　那管滄桑变幾何

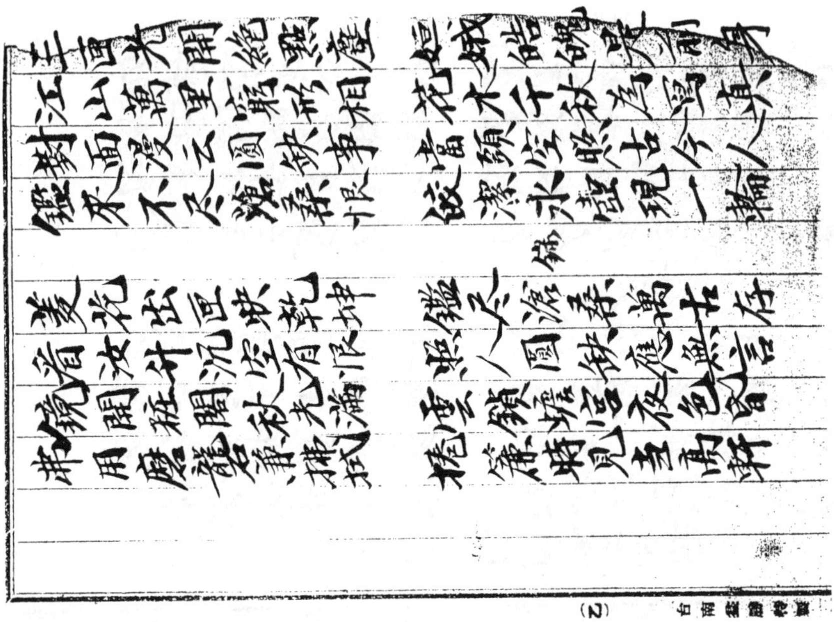

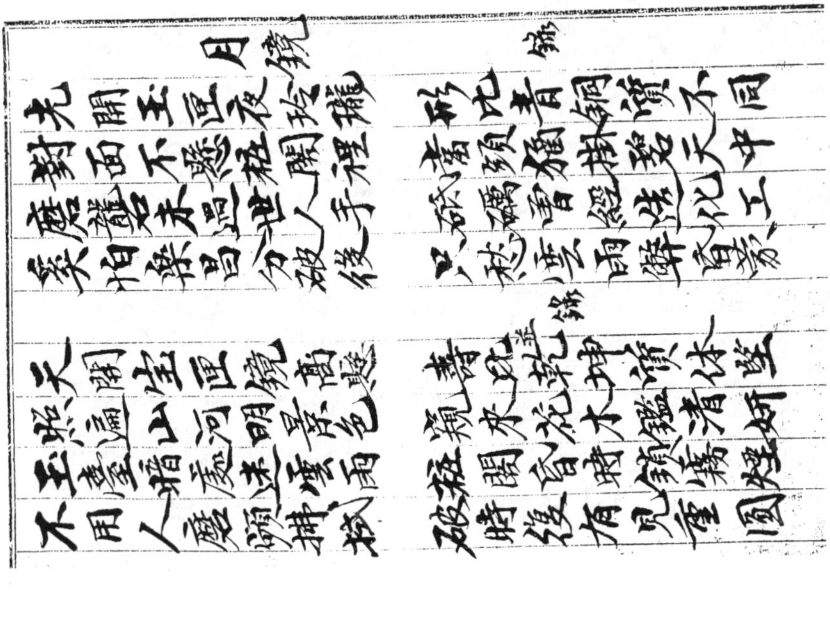

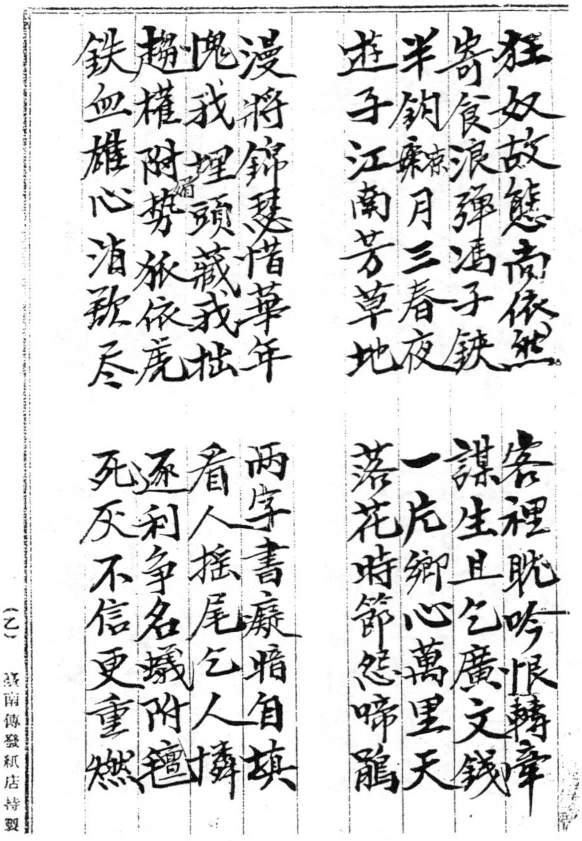
狂奴故態尚依然　客裡耽吟恨轉牽
寄食浪彈馮子鋏　謀生且乞廣文錢
半銷涼月三春夜　一片鄉心萬里天
遊子江南芳草地　落花時節怨啼鵑
漫將錦瑟惜華年　兩字書癡猶自填
愧我埋頭藏我拙　看人搖尾乞人憐
趨權附勢狐依虎　逐利爭名蟻附羶
鐵血雄心消欲盡　死灰不信更重燃

(乙)　漢南儔發紙店詩製

放魚　七律
悠然自得水迢迢　圉圉生機興趣饒
戲藻今時閒潑剌　化龍他日看高跳
池開鏡面光浮出　月印波心影動搖
畢竟陶朱能致富　錦鱗紅尾放千條
容身局促半籃搖　纖細如夫筆下描
放爾悠游穿絲藻　看他活潑躍春潮
貝函盛水添生意　養鯉開池致富饒
更為越王圖國計　鴟夷千古姓名標

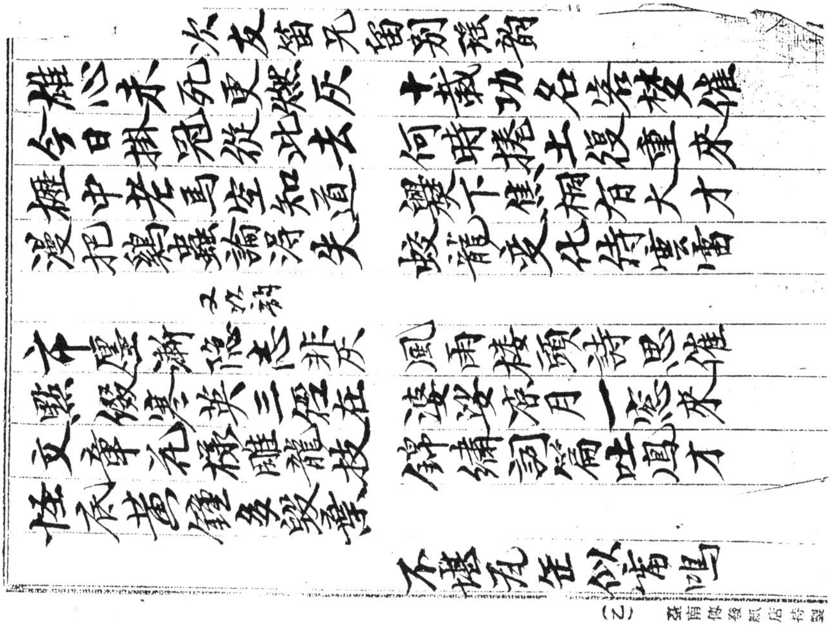

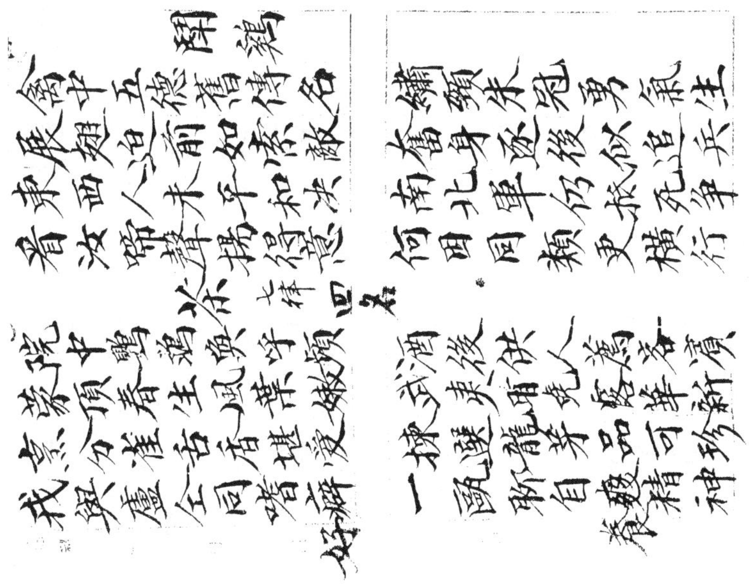

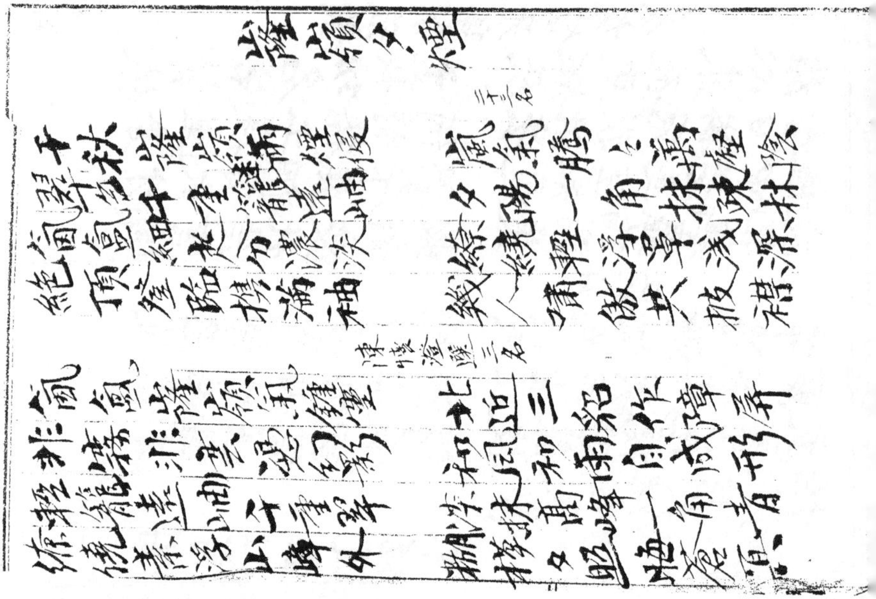

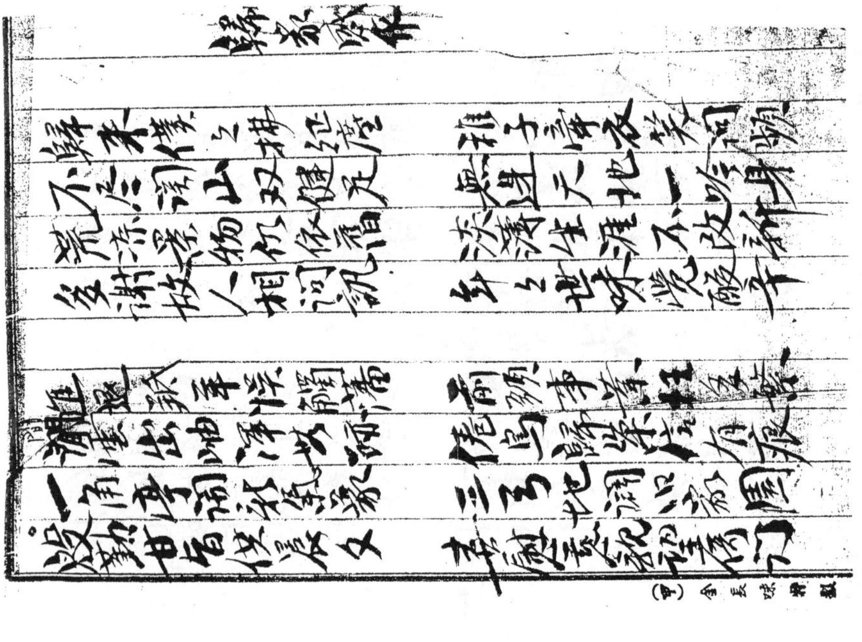

敬次瘦筇君旅次感作芳韻

三年冠蓋值春暮
他鄉作客已成春
敝裘一領天知己
白髮難有真

蘇秦入地重重黑幕
中心枕簟上勞公
事有驚人且傾酒
何須蝶夢問

其二

風雨連宵聽雨
極目日暮蒼茫
浪濤蓬萊遠松世強
聽楸梓蕭蕭白日香
天地更

其三

悄然歸鶴氣
消山間雲士
鄉顧未除塵
青雲更夢
回作凌雲

冷溪柳絮有凌雲
頭上蔣山有夢
兀兀漢川准送眼
兀兀生霄棲烏冠

其四

南方易地亦難
未記曾聽說
依水外陽杜
重歲天臨天

辭客耳底何堪塡
志顧難訓有誰
觀大死地欲何日
無糧日里更食
精衛銜瑛燃

肺石　七絕

人世豈無鼠雀爭　紛紛聽訟判分明
風清一片精靈石　肯為冤民鑑不平

采芾甯傳下拜呼　訟庭一片逮遺模
奚愁難訴官場裡　能雪冤民免受辜

化筆妙術憶初平　一片精靈肺石清
政績十年資吏治　他山端賴錯攻成

詩味　七絕

散（厚）柔溫厚藻思甘　風騷餘味老還耽

迴廊十二纔吟遍　月下花前得意探

辛苦嘗來十四鹽　吟壇興味老還甜
詩奴亦解分濃淡　詞藻清芬意更添

錦繡詞章錦繡腸　江山景色盡包藏
灞橋風雪（驢背）尋詩料　風雪漫天興欲狂

撚斷莖鬚仔細哦　年來不減老風騷
酒兵詩將頻麾戟　興味淋漓得意高

同心帶　五律

同心環珮瑁　繞帶繫相思　輕束腰圍瘦　長拖足下垂
麗祖由結縷　寸尺自成絲　情解纏綿處　溫柔漫笑癡

鏡中花影

仙姿曾記任瑤台
嬌向菱花帶笑開
色相婆娑身外影
香魂何處覓歸來

亭亭倩女是前身
泡影婆娑說果因
漫把姿容頻顧盼
菱花色相笑非真

菱花笑現美人身
色相婆娑絕點塵
泡影終歸何處是
香魂銷盡可憐春

壺公

乃翁骨相大支離
賣藥街頭不賣癡
身外乾坤無局促
懸壺堪作古良醫

徐福 二名

五百童男女
孤舟一葉輕
求仙訣不死
採藥說長生
雲霧迷蓬島
風煙隔帝城
避秦猶此去
海外漸逃名

秋味

十分秋色幾分甜
風月江山得意採
漫說蒪鱸鄉味好
人到中年別苦甘
独坐江樓酒半酣
秋來佳興此中探
辛酸世味都嘗遍
嚼臘人難辨苦甘

文庫

當時高閣署文淵
子史經書羅萬全
劫火河山經戰後
蟫魚又食聖賢篇

蠅　七絶八唐　十名

腐物微蛆尔化生　穢傳子毋盡污名
集衣集棘頻來去　日夜營々掃不清

花榜

懸燈并榜列群芳　露朶霜葩各擅場
應許寒梅居第一　莫將芍藥作花王

春風及第李桃儔　落選寒梅自解羞
金石園中懸虎榜　武陵源處掛鼇頭
科名應許登芳譜　色藝偏教上酒樓
畢竟秋痕居第一　重翻花案亦風流

書感

貧病年來不自持　窮通何必卜神龜
看他狡兔營三堀　笑我鷦鷯借一枝
寄食浪彈馮子鋏　感時頻賦杜陵詩
馬牛異族逢羞待　懶向人前話作為

入眼風潮覺靡涯　屢逢時事一咨嗟
困籠鷙鶻鎩垂翮　當道豺狼益倨牙
感憤空歌楚楚調　載愁難駕美人車
澄江落日無窮恨　怕聽山城歲暮笳

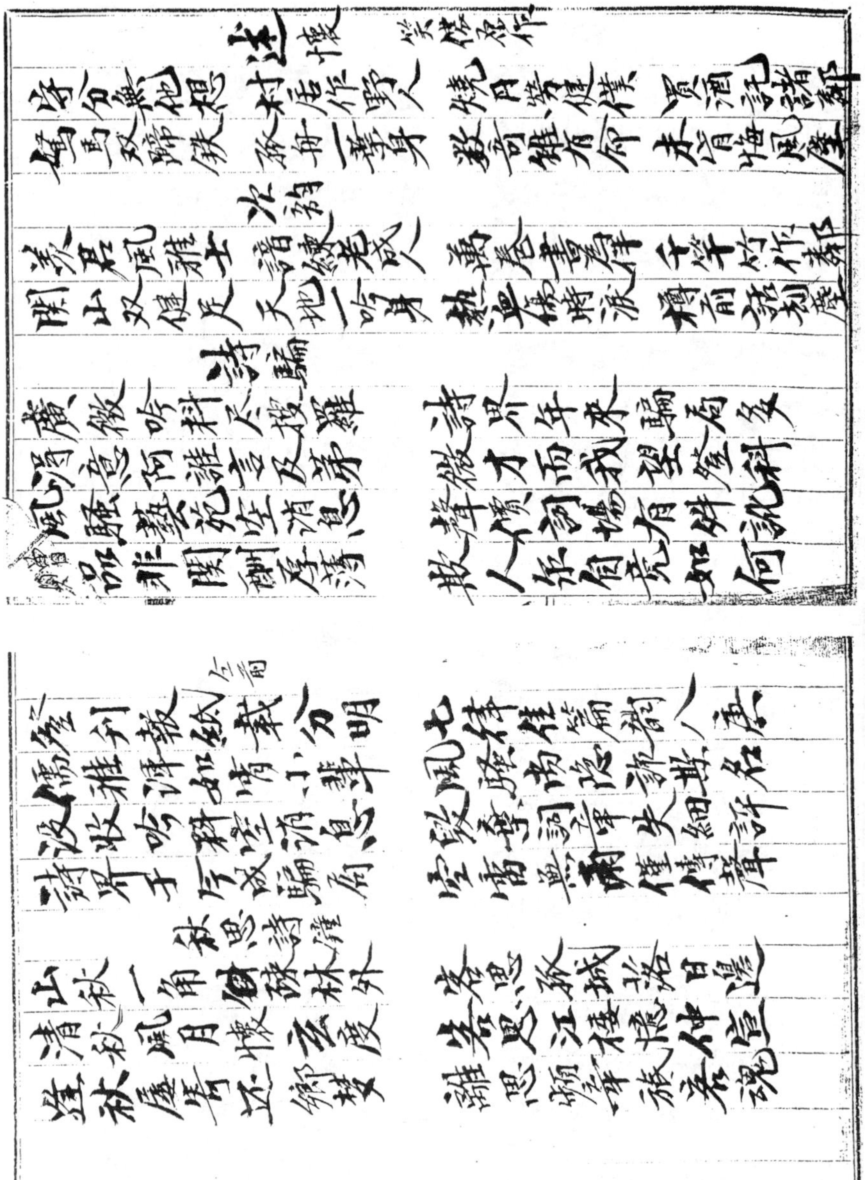

慧劍

鋒鋩誰解辨雌雄　一試空門銳亦奇
好贈僧尼割愁念　端教兒女斷情痴
斬妖不借英雄手　殺鬼何勞義勇師
未向名場經百戰　磨光剷垢佛低眉
寒鋒凛凛試龍泉　不戰名場擅利堅
剷淨六根無慾念　斬除萬慮絕慈牽
春風香國割情種　法雨空門斷俗緣
昔日未經爐煆識　純青爐火鑄何年

重九感作

題糕不敢笑劉郎　佳節登臨興倍長
菊酒應留今日醉　茱囊猶帶去年香
商飈館外空秋草　戲馬臺前賸夕陽
眼底江山無限感　霜寒木葉盡凋傷

初冬試筆

乾坤寒氣驗虹藏　律應黃鐘入小陽
點雪早梅初破萼　傲霜殘菊尚留香
頻添獸炭供爐火　輕着羊裘泛酒觴
蒐得新書閒補讀　茅齋灯火夜偏長

地球 七絶 二首

五行完備實堪誇
春夏秋冬運不差
赤道平分南共北
東西各平任欹斜

其二

環球繞恒星運不差
包藏萬物盡無涯
東西南北經和緯
一歲公然一轉斜

寄懷人傑人 山岸兩昆仲

汾津別後久無詩
風雨關山雁札遲
對酒記曾蒲節後
懷人猶是月明時
十年蹤跡留鴻爪
一代聲名尚豹皮
萬里相思縈短夢
此生寥落有誰知

將歸留別慶雲元規啟三玉亭

亡羊岐路記前年
足馬西風快整鞭
歷歷關河增感慨
悠悠歲月任推遷
數聲過雁青山外
幾點飛鴉落日邊
惆悵不堪回首望
海西盡處有烽煙

未甘拋棄是餘焚
劫後桑滄牘破書
異代文章同覆瓿
過時人物等腐樗
中年絲竹分哀樂
月旦聲名倘毀譽
愧我天涯淪落慣
寒酸儒氣未刪除

和笑儂先生贈別瑤韻

聚散風雲變幻間　萍蹤何處又盤桓
青衫淪落歌長恨　白屋蕭條發浩嘆
翻覆人情多險狠　崎嶇客路語艱難
新亭共洒傷時淚　荏苒光陰屈指彈

雛妓

娉婷體態十三餘　嬌小溫柔笑語癡
作理朱絲彈雅調　初開紅豆解相思
芳心有約留他日　春色無關待後期
羅綺叢中香似海　管絃樓上可人兒

借酒　七名

羊樽未解劉伶渴　一滴難沾阮籍貧
羨顧言詞窮又拙　提壺謁取隔隣人

借書

汗牛充棟古今書　莫怪士安癖未除
聊假數函供閱覽　好將雪案補三餘

問梅

消息傳聞驛使來　江南芳訊報初開
寒花數點留天地　是否當年處士栽

乞菊

隱居三經足清幽　晚節為花看意求
倘許主人分一贈　籬邊擬種幾莖秋

憶妓

記曾相識綺羅身　紅綠叢中帶笑顰
薄倖名終偏負你　少年場應屬何人
青天碧海思長夜　語燕啼鶯怨暮春
重擬青樓尋舊夢　好將風月話前因

岱江訪友笛

驅車十里訪名賢　一路清吟聳兩肩
萍水他鄉留舊約　閑山明月證前緣
灯煤共剪欣今夕　文字交遊記昔年
坐久不知更鼓盡　鷄声晚報岱江邊

呈冠三夫子並柬諸同志

不平鳴自藉詩鳴　滄海栽桑幾變更
一代文章新學子　千秋道義老儒生
江山東亞成今古　風雨西歐任縱橫
漫說衣冠非昔日　詩書同氣應同聲

錢神七絕

唐庫曾經化蛛身　人爭九叩拜為神
聲名漫把嗤銅臭　魔力如君可逐貧
萬貫纏腰可護身　堪誇白水號真人
魯褒論與楊雄賦　並採新詩寫入神

姪次瘦峰孫韵　原作遠夫　傳心兄作

繡虎高才久著名　筆花開處盡含英
家君枊眼逢春展　慰我葵心向日傾
翰墨相期成石友　文章未必誤書生
郎今海内知音少　肯否拈香共証盟

感事

霜寒未若一儒寒　蹐促乾坤恨不寬
說到青天無白日　行來平地有狂瀾
人間險比秦關險　世道難於蜀道難
寄語局中名利客　着棋希莫累傍觀

温泉歌

温泉好　翻疑浴日池　山脉地中流鑛質
山形八卦鍼靈奇　花與鳥　開到夕陽時
不見游鱗潛伏處　一泓水滑浸香肌　湯花沸
体弱倩扶持　地氣醞釀無污毒　洗罷精神覺
不疲　春寒入浴遲

重遊岱江呈笑儂溆雲如生洪濤

鴻泥舊跡感重遊　落拓頻年似馬周
宋造衣冠同傀儡　過江人物盡名流
棲台歷歷景如畫　歌管紛紛氣得秋
躅促乾坤頻放眼　不堪回首話前頭

巧囀黃鸝底葉声
隨風吹送甚分明
喈喈應是思求侶
客邸人聞倍愴情

落花

芳心慣受蜍蜂猜
春盡魂歸召不回
紅紫紛紛頻着地
小園處處積香堆

長城 十名

延袤城垣千萬丈
于今舊跡尚存留
臨洮築遍遼東地
萬里傷心過客愁

石尤風 七名

独立江頭望不歸
終身難共鳥双飛
香魂一縷隨箕伯
漫捲聲濤作怒威

紅梅 二名

淡容已改舊來姿
頳是沉酣醉息嫣
映日流霞加點綴
丹砂縱萼著南枝

聞笛 三名

梅花落奏韻差參
按譜聽來動遠思
我愧倚樓無妙句
長沙遷客和新詩

太平山秋望

太平山色暮煙侵
佳氣鍾靈自古今
大霸山頭含落日
松羅溪畔起秋砧
蕭蕭紅葉千峰瘦
幕幕寒雲萬壑陰
極目蒼茫天際裡
飛鴉點點過霜林

平山風景畫圖中。北近棲蘭氣象雄。
映日流霞樹盡醉　經霜老檜葉皆紅（萬株）
寒生澗底疑無地　瘦削峰頭倒挿空
絕頂高呼頻俯仰　蒼茫極目海之東

過双連潭訪大川居步傳心兄韻

海西風景約相探　帽影鞭絲駕此驂
浪說魚鹽開石港　空餘山月印双潭
三春訪友情猶摯　一路尋詩興更酣
漫問他鄉同作客　萋々芳草賦江南

敬和傳心兄寄懷原韻

吟坛久已負詩盟　偶讀佳章百感生
流水鳴琴聞雅調　敲金戛玉叶新聲
憑居驥尾長依附　拙我蝿頭學鑽營
鷄黍秋風能踐約　聯床夜話閑柴荊
徹宵風雨打窓櫺　孤館青灯夢易醒
破浪鯤溟懷未已　栽桑滄海憶曾經
人情變幻如蒼狗　世事鋪張似畫屏
秋水蒹葭增感慨　乱蛩聲裡弗堪聽

偶感

生成傲骨氣崚嶒　禮義詩書非白能
莫把踈慵為怠慢　豈真強梗是驕矜
人因嚼蠟知無味　我愛吹虀更覺懲後
到底科名同腐鼠　文章墨守舊規繩

祝方尚先生開業

良相同功絕等倫　刀圭歐美盡趨新
針芳妙技醫兼德　從柳靈方術有神
萬戶民登仁壽域　一囊藥貯太和春
先生從此懸壺日　力補瘡痍復濟貧

遊諸羅

折柳王孫快馬蹄　千今驛路繞城西
往來巷裡鶯聲鬧　紅綠叢中蝶徑迷
屏列峰巒明遠近　雲連樓閣見高低
多情絕好羅山月　無限風光入品題

哭冠三先生

大夢人間六十年　文章經濟騰殘篇
千秋名姓留皮豹　一代風騷蛻殼蟬
龍化鼎湖雲黑地　鶴歸華表月明天
招魂不盡淒涼感　洗遍銀河滿淚漣

笑拍香肩詠結襪　飛船坐閬舊題詩
翩々雲影垂環珮　颯々風声入悵惟
萬里翺翔操縱術　一場情愛喜歡時
不煩靈鵲填橋力　銀漢双星樂唱隨

怒蛙七绝　花

閣々鳴声意自雄　張頤瞀目激昂中
不同井底潛形日　樂死輕生國士風
昂頭閣々碧池中　兩目瞋々胆氣雄
莫怪楚王曾式尔　鼓他戰士策奇功

秋曉七绝

破曉天開曙色明　楓江蓼浦雁方声
疎林一角墜殘月　露冷閑山旅客程

歲月書懷元

鬖々臘鼓朔風嚴　日月催人白髮添
不盡天涯淪落感　寒酸儒氣客愁兼

天竺牡丹吟

春風法雨西天外　富貴花開自不凡
誰把群芳推第一　姚黃魏紫佛頭銜
愛護纖々玉手芟　花稱富貴佛頭銜
庭知法雨慈雲外　開遍西方總不凡

喧闐簫鼓振江天
士女如雲暑氣然
隨例人多籍虎艾
招魂我愛鬪龍船
兩邊濺水羅衣濕
一樣迎風綵幟妍
應許健兒身手好
翩翩奪得錦標還

紅葉七绝

御溝曾記舊題名
紅遍園林落葉声
老酒奚知千樹醉
夕陽繪出甚分明

詩鐘

紅花滿樹三春雨
黃葉經霜一夜風

詩囊

江山吟料總清新
滿貯珠璣句有神
好似珊瑚收網底
依然难濟阮孚貧
奚奴携取喚呼頻
蜀錦輕紗製得新
漫道箇中能脫穎
好收佳句似藏珍
紉佩奚奴伴吟身
錐處箇中妙有神
漫笑阮郎羞澁裡
珠璣滿貯不療貧

好施仁術橘井泉甘能起死
生護平民杏林花放漸回春

春穫

秔稻將登近麥秋，東風三月滿西疇。
鐮聲笠影斜陽外，玉粒金穰慶足收。

畫像

魁梧形相墨痕新，妙筆千秋寫入神。
好似凌煙圖一幅，曾他功狗與功臣。
廬山面目見全真，筆下輕描妙入神。
漫道形容能逼肖，明妃千古是前身。

海水浴

到海何妨暑氣侵，塵勞洗滌浪千尋。
鯤魚化處忘深淺，精衛填時自古今。
重疊風濤鷗上下，蒼茫身世客浮沉。
思波萬里欣同沐，佳節清和喜不禁。

市居初夏

薰風吹送賣水聲，小隱城南倍有情。
筐裡呼童搜舊扇，院中命僕架涼棚。
六街灯火笙歌鬧，三市人煙景物生。
漫道廛魚夫里布，稱身重試葛衫輕。

酬捧竹村嘯濤銘勳自修並似彩雲

畫壁旗亭互唱酬　碧紗籠得舊題留
語能圓滑情猶暖　詩入香匳句亦柔
幾處楼台明似畫　一場風月冷於秋
江州司馬商人婦　漫把琵琶訴別愁

哭聰兒　二首

变滅須臾劇可哀　累兒惡業禍為媒
衣裳懸架都看尽　書籍藏箱未忍開
思到九原呼不起　望穿双眼哭难回
那堪悵觸衷明痛　養育多年志亦灰

疾逝河魚藥未吞　身如芻狗復奚存
淒風冷雨尋無跡　孤館青灯夢有痕
及斷肝腸禽犢愛　頻揮眼淚地天昏
分梨曾記能謙讓　一慟傷餘父子恩

贈學甲吟社李鴻華詞友

交游置驛姓名芬　瀟洒襟懷自不群
甲里花開紅簇錦　蘆溪水漲綠生紋
情留鷄黍三年約　盟作敦槃一日欣
白戰莫教持寸鐵　騷壇幸未挫孤軍

米珠

升斗貧難巧婦炊　民生國計苦支持
諫臣漫道頻箝口　一穀于今統制時

案山子

身價無多尺寸高　不同木偶笑吾曹
那堪塵世紛靈惑　草々勞人更自勞

賊兒

由來盜癖信遺傳　鼠輩跳梁性不遷
莫許權臣行竊國　竊鉤罪應斷無偏

画龍　禁點睛典故

潑墨毫端筆氣凌　神靈活躍九霄升
配乾有象形頭角　潛逸南陽記昔曾

路灯

街衢傍立耀行程　滿地笙歌夜氣清
漫道陰光能普照　人間朗徹十分明

防風林

東西列植築隄延　抵制飛廉計萬全
十載樹民兼樹木　甘棠遺愛共留傳

春寒

養花天氣雨如絲　白袷新衫未合時
無賴嶒崚吟骨瘦　東風料峭冷侵肌

藝苑

地近詞林處　先賢闢草萊
山川來景色　花鳥作吟材
傍有騷壇築　時邀羯鼓催
班香兼宋艷　文運喜重開

醋研　元

一壜醞釀味酸冷　妬婦嘗來醉未醒
誰解蓄情兼蓄恨　顧郎莫負眼垂青

赤壁月

鏖兵百萬憶曹公　此地曾經戰火紅
不盡團圓秋夜望　興亡照遍古今同

詩境

建安七子擅才名　代謝風騷幾變更
漫道吟哦分畛域　興觀群怨此中生

筆談

一端尖銳化　描寫達情衷　意會揮毫
[illegible]形容插管中　解困無道韞　微夢
有文通　未許翻蓮舌　何如論鑿空
一試毫端銳　何如議論空　毋庸饒口舌
未許解言聾　邦異摛文外　遥同对語中
時乘留記錄　月旦幾奸雄

漁村曙色

蠏大微明裡　清晨爽氣加　一鉤滄海月
两岸荻芦花　撒網磯頭静　歸舟渡口譁
魚蝦無别業　错落幾人家

新春試筆

頽齡将半百　濩落困風塵　寒氣忙吹律
香醪醉買春　花開梅有韻　詩冩句留神
已過年関險　謀生更刷新

羅網

為罛為罭老漁翁　綱紀擡張氣象雄
晴曬乾坤餘一角　披竿好趁夕陽紅

玉峰山接天寺落成式紀念

結構莊嚴氣象雄　玉峰高聳勢摩空
七重寶樹環精舍　一片慈雲護梵宫
塔影斜連山嶂外　鐘聲遠隔雨煙中
天開旭日添輪奐　香火春秋佛法崇

接天山寺勢崔嵬　識語碑文認刼灰
世界三千開梵宇　因緣十二証蓮台
慈航壓雪迷津渡　紫竹千霄覺岸栽
結構莊嚴金布地　皈依佛法息輪回

祝皇紀二千六百年

連綿永寶祚　金鵄紀祥符
物阜皇恩溥　民蘇帝德敷
萬邦齊献頌　舉國盡歡呼
伊獨聯盟日　謳歌達九衢

皇統連綿繼　昇平藻繪香
萬邦朝玉帛　一系固金湯
德播文風振　威揚武運長
扶桑逢盛典　頌誦九如章

梅村早春

水邊籬落冷孤芳　偷眼霜禽蝶未忙
別有名莊永偉業　頭銜端合署長光

長生果

偷桃臣朔遊仙術　食棗安期却老方
別有堆盤人介壽　橙紅橘綠合稱觴

婺星

窺簾須女煥中天　設帨萱堂卜鶴年
象列坤儀分斗柄　燮昭乾道聚奎躔
銀河燦影珠璣絡　壽宇光開璧月連
王母瑤池逢錫宴　雲璈樂奏九如篇

十五

雛凰

未豐毛羽試飛特，足之鳴聲肯伏雌。
五采祥徵光府第，九苞瑞萃溢門楣。
辨琴異日傳笳譜，柳絮他年詠雪詩。
記取月懷曾入夢，千金喜得兆來儀。

同盟酒

騷壇敦槃聚名流，甕底藏春借婦謀。
玉筍班聯敦摯友，金蘭譜訂締吟儔。
盍簪盡許千回醉，把盞能消萬斛愁。
攘臂漫將頻反汗，相逢車笠敘交遊。

麗澤相資仗友生，金蘭為薄酒為名。
盍簪更愛分賓主，把盞聯歡序弟兄。
未許是非妨亂性，差堪小酌亦陶情。
春風觴詠能敦睦，那管炎涼幾變更。

歃血聯為共死生，金蘭芳釀舊時名。
敦槃有約分賓主，盛德俱存序弟兄。
杯泛紅螺敦友誼，酒斟綠蟻締交情。
盍簪更愛群賢集，北阮吟壇一步兵。

雲璈樂奏九如篇　南極星輝照綺筵
金壽花簪添鶴算　玉壺酒晉卜龜年
孫能養志翁稱健　子可承歡婦亦賢
名重枌榆尊達德　螺陽得地憶喬遷

十三

稼家致富范鴟夷　握算商場老更知
矍鑠精神形似鶴　健全元氣壽如龜
祝詞頌獻三多句　鰲臂能添五綵絲
預卜遐齡加十九　定邀天眷到期頤

圖書館

供閱爭傳萬卷多　蘭臺石室較如何
牙籤檢點存經史　典籍搜羅雜漢和
古蝕蟲文書易法　今傳蝌字學分科
益人智慧千篇富　國粹珍藏重切磋

二十

紅茶

色染朝霞襯武夷　微烘晴日漲胭脂
新芽春暖團双鳳　嫩葉緋添認兩旗
舌底清香餘醒酒　喉間風韻助哦詩
聊供茗戰評佳種　啜後精神覺不疲

結婚徵詩

月鏡

良緣藻鑑酉心投　桂折蟾宮得意秋
圓缺事多欣覿面　古今人遍照當頭
催粧光借氷輪滿　作伐情添玉斧修
如此乾坤明朗化　瓊樓映寫鳳鸞儔

壽桃　十七

仙根蟠木托輪囷　甘釀低樹枝雨露勻
果薦瑤池千歲熟　花開萱室一家春
七枚供獻盈王母　三次重偷憶朔臣
別有橙紅兼橘綠　堆盤端合壽慈親

新竹　即新笋　十二

淇園雨過茁森森　玉版味參佛理深
未出土時先有節　供凌霄志得虛心
穿苔微露龍顛角　解籜初抽鳳尾簪
他日婆娑窗外影　數竿瀟灑綠成陰

二十

羨君氣節異尋常　簇出龍孫卜世昌
已破苔痕羊角露　尚封泥跡豹形藏
抽芽幾度驚雷雨　解籜他時耐雪霜
更愛柯亭裁短笛　放梢初見過簷長

九如圖

奴筆丹青繪九如，高懸一幅景清虛。
乾坤分判洪元後，日月包藏太極初。
海屋添籌開壽域，瑤池賜宴列與仙。
黃花點綴東台麗，五福盈門慶有餘。

其三

龍馬精神矍鑠翁，梅花骨格玉玲瓏。
光爭日月形容外，壽並岡陵點綴中。
五老峰高星拱北，三仙島列水朝東。
更添一幅倪迂畫，描寫乾坤氣象雄。

懋遷　五

市廛西地日繁昌，樞軸當中貿易場。
貨殖人堪推傑出，鴟夷千古姓名揚。
日常物品別和洋，實用供人雜貨商。
壟斷漫誇收市利，持籌握算繼榮昌。

長壽香　五

鷄蘇合製久名傳，搗麝微添潤露研。
幾炷焚來呈瑞靄，一絲吐出裊輕煙。
蘭熏東閣開香案，酒晉南山敬壽筵。
別有氤氳佳氣在，椿庭樂奏九如篇。

壽椿　杏林延柏酒

功同良相等良醫　宴啟南山介壽眉
柏葉香浮新歲酒　杏花春暖錦囊詩
醉添賀客斟千盞　笑向鄰墻露一枝
別有桂蘭爭秀茂　分甘更愛日含飴

壽椿　十三

不同松檜較青蒼　富有春秋米壽長
淂地靈根延歲月　參天老幹飽風霜
盡多枝葉垂餘蔭　應有兒孫厥後昌
如此岡陵添永固　星分南極照清光

壽萱　三十名

偏承雨露茁庭前　兒女花開色倍妍
曲徑漫教敷綠草　迴塘未許笑紅蓮
華堂春暖怡情日　璇室香添益壽年
別有桂蘭競秀茂　欣然相對百憂蠲

五名

協卜宜男草色妍　北堂培植已多年
迴欄綠漲三春雨　繞砌香添五月天
能使忘憂萱葉茂　永留餘蔭子孫賢
庭蘭別有徵祥瑞　寶婺光分照綺筵

樂耳王

項刻鞭施萬里程
寰球報捷勵風行
一機案上傳人語
百尺竿頭引籟鳴
巧奪天工誇格致
精通造化擅文明
古今樂律都難匹
樂耳王音是正声

佛手柑

溯源嘉種出西番
金色身常伴世尊
蓮座清供禪理得
旃檀香透道心渾
擎來始覺酣霜氣
梵處方知帶露痕
一例麻姑蚯長爪
持參玉版共承恩

異果爭傳佛手柑
最宜培植近伽藍
魔降端藉空拳奮
禪定應憑合掌參
熟到秋深金作色
供持古刹薦同龕
大乘經卷須多閱
早晚拈花示老曇

夏夜

白汗沾衣暑氣蒸
一輪璧月看東昇
人從院裡輕搖扇
客立街頭喚賣冰
祇愛荷花開碧沼
任教螢案暗青灯
蛙聲閣閣薰風透
獨自披襟畫檻前

夏夜

涼露微々濕綠槐　宵深廣院暢吟懷
半輪皓月來廊下　數点流螢照水涯
小閣當中排骨董　高軒是處闢牙牌
天時人事須同樂　夜靜南薰一味佳

萬象森羅夜氣清　石床露臥聽瓶笙
人如古佛寂無語　心比玉壺淡更明
竹月光穿蕉牖綠　松風涼透葛衣輕
微虫底事不平甚　蛙自大鳴蚊小鳴

晚來浴罷步空庭　暑氣仍然酷不停
雪藕調冰醫苦渴　浮瓜沉李慰勞形
草中蛙鬨疑撾鼓　坡上螢飛帶落星
独立水亭風四面　荷花解意送馥馨

花陰

美人頭未上　鎖翠影籠低　風細欄移月　春濃馬住蹄
香招黃犬臥　情共綠章齊　匝地婆娑態　偏教蛺蝶迷
旛痕芳圃外　弄影夕陽西　疊々描難盡　重々看自迷
憑欄交上下　暢谷狀高低　幾度呼童掃　依然印碧谿

梁耳王

放送時來自作聲　電波長短語音明
高低線感陰陽氣　多寡球分遠近程
解悶歌場傳北里　縱談政局繼南京
可尼科學探神秘　独運靈機擅慧名

泰西電學妖難名　萬象森羅放送清
人愛絃歌聞悅耳　我聞時局每關情
聯邦消息憑飛報　二氣陰陽發正聲
甚歡遠携天上置　塵寰事可語通明

祝柏社週年紀念

甚歡為文劝捲堂　憑他狂狷自成章
多聞到底非干祿　有懃從來未見剛
但許池塘春草艷　最宜碑帖墨花香
仰觀俯察今休計　且叙幽情一詠觴

盲女

兩眸長瞽自傷心　奴妹相呼只認音
不轉秋波空一笑　向郎難表愛情深

報午機

不是鷄人報曉來　不如魚漏夜深催
午餐煩尔鳴聲急　臣朔肌腸忍幾回

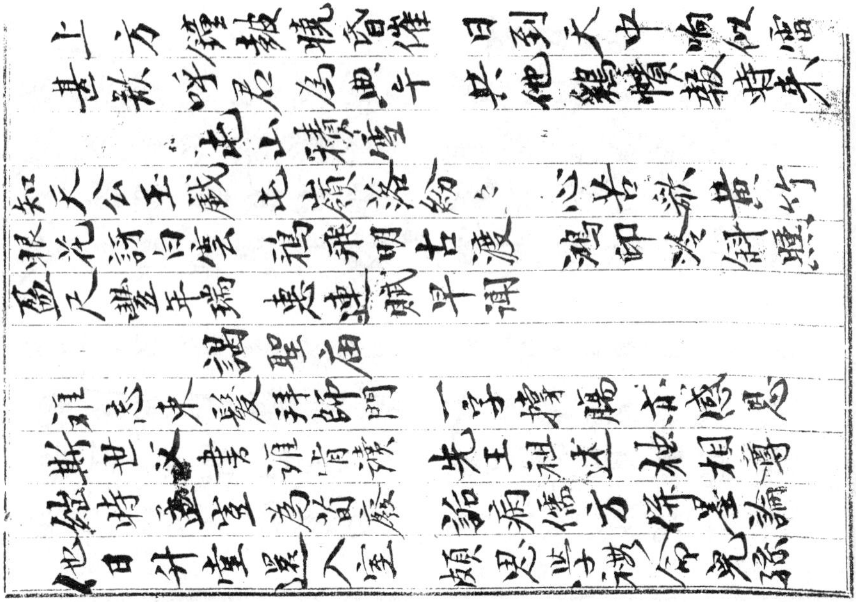

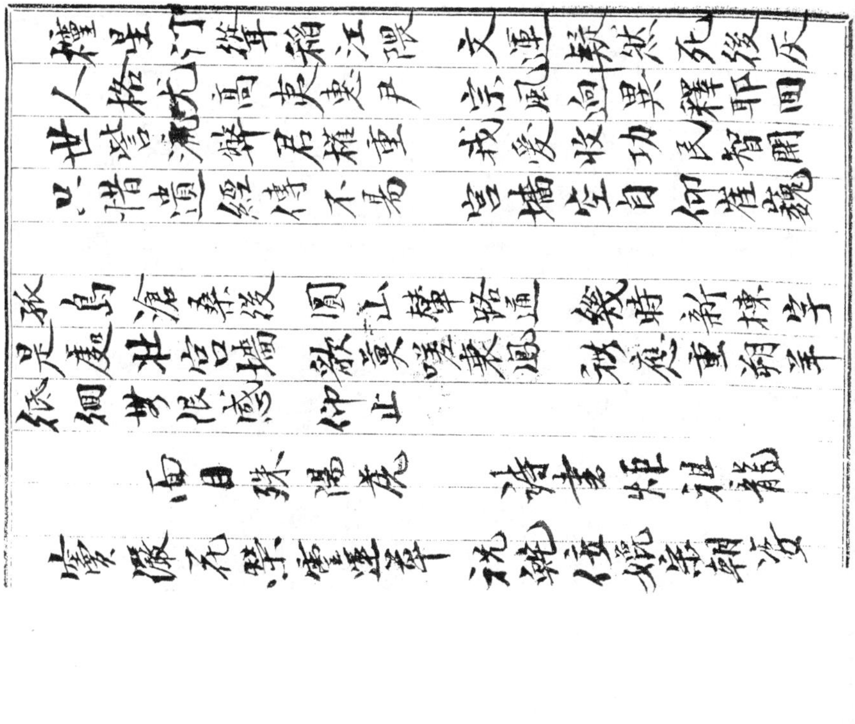

郎當修竹弱搖風　何幸鴦箋降北鴻
道義懃勤千載上　師生贈答一詩中
敢因日長居前輩　無那時乖到老翁
歲晚氷霜遶兩地　多情惜別有文通

青山何處定行藏　故園四首石敢當（人世留漁）
歧路亡羊淹日月　鹽車困驥老風塵　霜
弄文未見貽俍褱　賣賦仍教澀阮郎　囊
六四年華如轉瞬　園林株守尚槐堂

來年茶蔘苦曾諳　不酒昏々亦酩酣
惆悵兩生歸代北　獨憐一老冷淮南
清時有味空欣羨　濁世無才敢縱談
搔首問天天莫問　霜華滿鬓更何堪

故園四首種桃年　得與談經亦夙緣
華髮已題罕子賦　青氈仍乞廣文錢
声名黯々傭齋衆　身世茫々問老天
幸有傳灯衣鉢在　多君盌着祖生鞭

漢々寒雲下朔風　寥々天際冷飛鴻
因緣三載願曾契　道義千秋孔孟中
入世難逢青眼客　傳經長憶白頭翁
不知張籍歸來後　一卷義文夢寐通

著作名山學豹藏　人前客袖厭郎當
李桃早已盛門巷　松柏終看耐雪霜
鹿洞風高喧木鐸　虎溪秋滿足奚囊
平生杖履追隨慣　慚愧彭宣列後堂

酸鹽世味已深諳　老至丹鉛興倍酣
詩律風清凌薊北　文章声價重炎南
雕龍早見篇々艷　捫蝨如聞侃々談
棖觸衣冠非昔日　儒生心事感何堪

回首程門立雪年　三生文字契探緣
鳴時尚乏班楊賦　攤債寧謀筆硯錢
醉草園開山北地　少微星耀海南天
春風珍重敲詩約　竹塹城頭共著鞭

唱和詩

別後玉山似舊不　待君商訂選詩樓
猖狂有意譏黃祖　落拓何人識馬周
拚作英雄廿一死　已教貧士古千秋
暮雲最是無情物　勾起羈腸處々愁

鷺鷀一水往來不　目斷齊州海上樓
故國啼鵑悲杜宇　荒園夢蝶感莊周
論詩秦漢声存夏　結客江湖氣得秋
記取浃江同聽曲　十千沽酒散奇愁

千仞單峰氣鬱森　偷閒伏策共登臨
柳逢知已垂青眼　蕉解迎賓佈綠陰
鶴未出山先刷羽　筍將成竹始虛心
芒鞋踏遍山腰路　勉學逍遙梁父吟

賀竹修弄孫次韻

三槐又茁老龍枝　吉夢徵蘭正歲期
父子右軍傳大命　妻夫道韞匹凝之
迎來賀客吟又手　博得癡翁喜展眉
遙想高懸弧矢日　昂頭門外短節支

祝聯玉重任庄長

泠泱宦情同謝安　聞君依舊任都官
在山霖雨蒼生望　入手將邪利器看
三度淮陽重臥治　幾多貢禹慶彈冠
嗟余久困鹽車下　風味而今尚帶酸

感懷

双丸抛擲去陳々　作達人觀不要嗔
附勢任伊誇独飽　知書于我尚清貧
鷺花故國三年夢　飄水他鄉萬里身
一自謝家分散後　堂前燕子屬何人

無題

漸別猶难況久離　四行淚下記春初
玉簫有譜推哀怨　錦瑟無心任毀譽
豆蔻已胎蓮已子　老莊為蝶我為魚
可憐人面桃花感　不寄蕭郎一紙書

生成辮髮未盤鴉　小字分明鬪麗華
你正春山描柳葉　我方秋水詠蒹葭
佳人身分今不節　名士頭銜古押衙
燕不双栖鴻隻影　傷心豈独在

恩到难酬怨已伸　一生悔恨田
早知薄命原情種　未必憐才少美人
萍水無根淪苦海　桃花有浪漲迷津
任伊繡虎誇能賦　祇會抽毫咏洛神

哭養齋

衷世扶輪究屬誰　可堪儒雅共維持
誰知天殞文星後　正是人淪大夢時
代謝風流蟬脫殼　聲名月旦豹留皮
從茲何處尋遺範　青史青燈有所思

梨耳王（ラジヨオー）

巧製靈機案上橫　包羅萬籟箇中成
模型異体分三漏　妙妓神工籍五行
陰電氣通陽電動　長波音送短波生
謀天造化憑人力　頃刻傳來海外情

錦字

學書早拜衛夫人　不独迴文擅一時
老我詩心抽乙乙　零紅碎綠合題詞

草亭

白茅為蓋竹為梁　四面風清午夢長
莫笑英雄原草澤　記曾諸葛臥南陽

虹

放光弦貼地　垂彩帶横空　疑是秦鞭始　橋常染色紅
天腰看出處　朝暮判西東　垂彩安民望　於湯大有功

筆鋒

尖銳如錐迥出群　縱横一掃藐千軍
處囊毛頴錐能脫　恐被中書笑不文
藐他武庫珍藏甲　助我文章巧運斤
恐凍須防尖尽退　未能紙背透三分

蝶夢

魂入花欉薰氣多　千紅萬紫夢中過
每田好處鶯啼破　徒使莊生喚奈何

雪花

霏々萬點滿空濛　繽紛如梅落地中
最是江南冬好景　應堪先兆十年豐

護花鈴

亞欄干外花旛下　徹夜迎風逸響清
驚醒主人春起早　惜花心緒最関情
隨風送響入華清　鎮日常闌百鳥驚
彩索玎璫鈴萬箇　替花請命惜花情

攀桂

並同金粟古香浮　月地培根綻九秋
我欲凌雲蟾窟裡　一枝高占狀元籌

琴心

寄託冰絃幾度秋　手揮目送自風流
冰絃久罷薰風奏　解慍誰存百姓憂
挑撥春閨萬斛愁　離鸞清奏寓溫柔
西廂夜月臨邛宴　心事冰絃代唱酬
湘妃月下動悲愁　司馬絃中作蹇修
彈罷夜深倍惆悵　叢蘭露濕月當頭

題扇

全箋勝卻素紈華　竹骨玲瓏比象牙
一片輕雲頻展卷　半彎新月任橫斜
佳人攜去尋園蝶　名士拈來弄筆花
何怨生時逢炎世　蹄看化鶴入仙家

新荷

珠盤未展難擎雨　翠蓋初張覆浴鳧
試問青錢鋪万選　可教君子濟魚

梅妻

雲霧為屏雪作闈　催粧索笑共幽栖
夕陽鶴子歸來後　添得天倫樂事齊

雨絲

養花天氣雨霏霏，萬縷由空落翠微。
絕好秋尖穿過處，更將雲錦織成衣。
日斜易映傳紅色，月老难牽繫綉幃。
天緒肯從人緒攬，一般愁怨淚同揮。

學海

蘇流韓派古今傳，萬頃思潮勢接天。
世代滄桑頻歷刦，不知何日变書田。

彩藥

採藥呼童子，松間老鶴啼。
仙風吹古木，人影照清谿。
春到山容秀，煙橫洞口迷。
手中攜百草，擬欲濟群藜。

落花

自開自落自成双，一夜東風恨滿腔。
片片堆紅鋪小徑，紛紛積翠艷春江。
金鈴响尽香迷閣，玉笛聲残月映窓。
我亦攜笻園外過，忍看澗逐水淙淙。

含愁帶雨下春江，國色浮沉繞畫艭。
雪墜玉樓飛片片，風飄繡閣舞双双。
心隨蝶夢香千里，恨聽鵑聲笛一腔。
月冷煙空憐寂寂，費人夜半剔銀釭。

鶴聲

較比松風韻更清　聞皐唳月夜三更
不知遼海令威駕　疑是緱山子晉笙
濁世從容雞然唱　清時慣與鳳偕鳴
而今地老天荒後　汝也何心發正聲

簾影

畫樓寂鎖夜迢迢　歎捲人來費折腰
映水却教魚怯網　臨風辜負燕穿綃
夢回紙帳痕初淺　月上紗窗燼未銷
匝地波紋勻不起　相思又隔一重遙

雨絲

疑繩疑線認依稀　墨染雲羅是也非
擬種情根抽草脚　更添意緒縫天衣
永絲未織因寒減　風剪思裁奈力微
如此乾坤方破碎　全梭補擲看梭鶯飛

畫竹

墨跡淋漓翠欲浮　幾竿瀟洒自風流
板橋妙筆堪稱絕　不讓當年仇十洲

重陽梅

倚竹吟孱翠袖單　滿城風雨夢初寒
鐵心數點留天地　休與黃花一例看

舞衣

袖引香風動錦幃
歌場奪目耀珠璣
采蘋去後圓々老
時感流鴻燕子飛
漢殿霞披飛燕瘦
南宮雲想玉環肥
誰知妙技誇長袖
都費天孫織女機
環燕披身稱瘦肥
笙歌隊裡弄春暉
樽前忽訝寬如許
始覺蠻腰減旧圍

夏蟬

藉棲翠竹與疏桐
應候嘶吟韻逸揚
幾日幽欞餐晚露
頻年脫蛻怯秋風
枝頭古調和梅雨
葉底清聲送夕陽
微物臨風猶解唱
餘音寸々尽宮商

相思雨

昨宵曾記夢團圓
今阻銀河兩地懸
別處(思)霏々澆恨海
離愁淚々漲情天
璽鳩啼處心猿繫
石燕飛時意馬牽
南國尽多紅豆子
千金一滴教誰憐

淡江即景

稻艋沿堤護岸遥，幾家樓閣接雲霄。
一輪玉鏡波心月，十里銀濤渡口潮。
蓬島近聞仙子笛，蘭舟輕泛美人橈。
風光似欵秦淮好，北地胭脂勝六朝。

江干日暮奏笙簫，點點漁燈兩岸遥。
古渡横斜鯤海月，新橋掩映鷺洲潮。
市廛札地通三邑，樓閣連雲接九霄。
淡北風光稱第一，不妨遊衍放輕橈。

香露水

久聞甘剎苦難求，一滴清幽氣亦幽。
仙掌釀來清似水，金盆凝處碧如油。
香傳玉露心先醉，潤到冰肌骨亦柔。
莫怪佳人爭購買，也知此物出西歐。

碧液何曾帶露收，盈瓶蘭氣最風流。
珊珊枕上薰來好，翡翠衾中解處幽。
歌扇風迴魂欲斷，妝台人罷韻還留。
綺羅叢裡稱知己，勝似鮮花插滿頭。

慧劍　七律

分明三尺氣如虹　磨鍊全憑智力忙
莊子解牛同銳利　金剛怒目見光芒
笑他彈鋏何堪論　藉彼除魔尚不妨
我亦俗緣纏繞苦　願祈一割斷腸情

誰把英雄熱血紅　鑄成三尺氣凌空
龍文耀彩丹田內　巨闕傳神臟腑中
閃爍卻隨睛並轉　鋒鋩不藉水磨礱
有時借爾雄揮舞　割盡情絲建異功

榴火

爐峰三月報初開　點々丹砂綻萼胎
卯酒不知花欲醉　霞光染向日邊來
萬樹夭桃莫比緋　花開偏助祝融威
蒼生盡有燃眉急　驀都（覩）丹鬢魂欲飛
榴花朵々欲燒空　陣々薰風拂更紅
不解連環當日恨　凝同兩岸夕陽中
紫萼丹鬚照眼明　紅裙妬殺不勝情
園開金谷斜陽裡　彷彿如燒赤壁兵

國

恨人

百句歌長有居易　一篇賦麗謝江郎
中丞司馬貽名久　妙筆千秋寫斷腸
斷腸人為寫相思　到死春蠶作繭特
懺向空王求慧劍　依然難割一情絲
聽到憑妻烏鵲歌　北山辜負奈張羅
文通身後青蓮感　千古吞聲飲恨多

心花

七竅奇花未曾觀　肉屏風蔽胃闌干
生來粘膽根應緣　香不襲人色定丹
豈特筭成胸有竹　更誇吹出氣如蘭
有諸內必形諸外　孰謂榮枯一望難
心田受潤絕塵埃　樹種菩提第幾回
漫把思潮長灌溉　更依學派力栽培
情根覺自陶情處　意蕊欣然得意開
恍惚辦香留一炷　吉祥雲靄護靈台

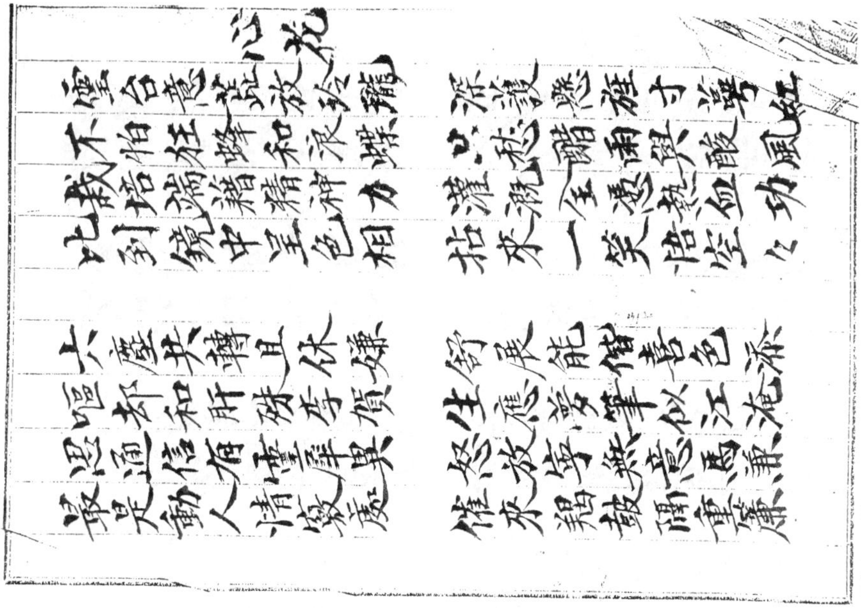

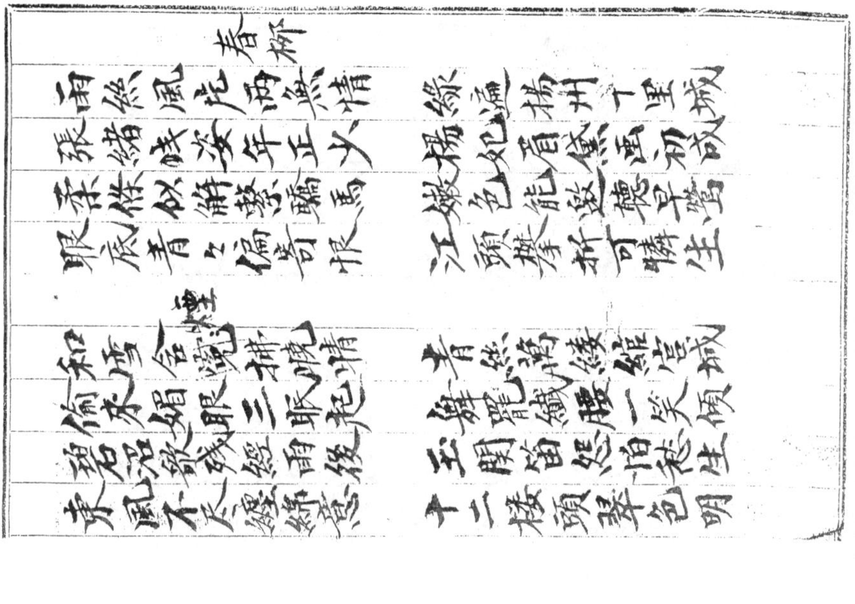

虎溪避署

得便幽栖且便栖　草堂杜老浣花谿
天應有意憐秋士　我却無心問夏畦
任其趨炎成走狗　不堪苦熱共莎雞
虎頭山下清遊好　即日隨身喚小奚

一溪清景秀煙霏　勝地宜人數往還
署氣消潛巖壑裡　詩情寄托水雲間
流金爍石時多熱　沉李浮瓜意自閒
指點波心凉味好　小舟盪到小孤山

老鴇

臉際雞皮似　風情未易猫　鏡臺粧且點
針線引還挑　束縛憐鶯燕　留歡笑暮朝
徐娘頭已白　誰與賦桃夭

懶趁高飛志　宣淫性最驕　統監鶯與燕
引誘狗兼猫　賣笑忘廉耻　謀生繼夜朝
雞皮猶鶴髮　鳴徹不平宵
要來錢樹總　剩粉亦生嬌　皮肉營餬口
金銀計帶腰　培成鶯與燕　欵接暮連朝
將筆芳情在　倚門又客招

閒子先生七律